Pequeñas grandes cosas

Pequeñas grandes cosas

Tus placebos personales

Albert Figueras

Plataforma Editorial

Barcelona

Título original: *Pequeñas grandes cosas. Tus placebos personales*

Primera edición en esta colección: octubre de 2007

Plataforma Editorial
Plaça Francesc Macià 8-9 - 08029 Barcelona
Tel.: (+34) 93 494 7999 - Fax: (+34) 93 419 2314
www.plataformaeditorial.com
info@plataformaeditorial.com

Depósito legal: B. 45.804-2007
ISBN: 978-84-935962-2-4
Printed in Spain - Impreso en España

Diseño de cubierta y composición:
Rubén Verdú y peepingmonster
www.peepingmonster.com

Impresión:
Romanyà-Valls - Verdaguer,1 - Capellades. Barcelona
www.romanyavalls.es

Índice

Prólogo

¿Qué se le puede regalar a la niña que lo tiene todo? Después de mucho comerme la cabeza, llegué a la conclusión de que lo único que le podía hacer ilusión era una réplica en plástico del Amor De Su Vida (el segundo después de su padre): Pocoyó. Tras un largo *via crucis* de juguetería en juguetería («aquí nunca estuvo, aquí se ha agotado, aquí ni les suena el nombre») hallé al muñeco, por fin, en un Vips, y me llevé el último que quedaba, no sin que antes la cajera me informara de que los Pocoyós volaban y de que su hijo también tenía uno.

El martes había estado trabajando hasta las cuatro de la mañana. El jueves, a las siete y media, entré en el cuarto de mi hija con una tarta con velitas y un paquete de regalo. La cara que puso al ver a Pocoyó me compensó de la expedición y de la falta de sueño. Con el Pocoyó bien abrazado, mi hija se dirigió a desayunar e insistió en atiborrar de cereales al muñeco que, al igual que Gandhi, optó por la resistencia pasiva y no abrió la boca en ningún momento, para pasmo de la cría.

Y en ese momento me sorprendí a mí misma pensando «soy feliz».

Y cuando digo *me sorprendí* quiero dejar claro que me sorprendí. Con lo que quiero decir que fue una sorpresa descubrirme a mí misma como mujer feliz. Porque de enero pasado a aquí mi vida ha sido variada, impredecible, trepidante incluso... pero no precisamente feliz. Una separación, dos juicios, la enfermedad muy grave de una persona muy querida, una disputa familiar... Entiéndanme, no es que precisase de antidepresivos ni que nadie me encontrara sollozando en las barras de los bares, pero he llorado mucho y he dormido poco. Y he adelgazado doce kilos en ocho meses (¡sin dietas, sin pastillas, sin gimnasia, sin inyecciones!).

¿Habría llegado a valorar tanto, me pregunto, ese momento mágico en el que pensé «qué suerte tengo de tener una niña sana, bonita y feliz, que me quiere y a la que quiero», de no haber estado inscrito en un momento difícil, de no haber existido el contraste entre ese destello de felicidad pura y simple y la oscuridad tediosa y monótona de los últimos meses? Puede que no. Puede incluso que estos momentos malos no hayan sido tan malos, y que yo los haya convertido en tales porque haya prestado tanta atención a las peleas y al desamor como para no haberme fijado en todas las cosas buenas que me rodean. En ese sentido, la felicidad no se halla, se hace. Se la hace uno mismo, dependiendo del color del cristal con el que mire, porque, ahora que lo pienso, si durante estos nueve meses hubiera mirado más a mi hija y menos a mi ombligo, quizá no me hubiera sentido tan desdichada. Al fin y al cabo la enfermedad, el abandono, los conflictos, son el pan nuestro de cada día, y ni yo ni nadie los puede hacer desaparecer de su vida con una goma de borrar. Así que si uno quiere ser feliz tiene que optar por aceptarlos como vienen y con calma, sin olvidar nunca aquel viejo dicho de «esto también pasará» y sin dejar de concentrarse en todo lo bueno que le rodea, y en las posibilidades de libertad que muchas veces abren las pérdidas, caminos inexplorados en los que ni nos habíamos fijado. Pero a veces no establecemos el baremo de nuestra felicidad en nosotros mismos sino en los demás, y queremos ser tan felices o más que los demás y esto es casi siempre imposible, porque creemos que los demás son bastante más felices de lo que son en realidad.

Es lioso de escribir, pero fácil de entender.

Espero.

Yo conocí a Albert Figueras en un viaje a Panamá, en el que conocí también (ya se sabe que los viajes son propicios para intimar con desconocidos) a dos mujeres muy interesantes y muy diferenters entre sí, una de ellas asesora fiscal de una constructura y la otra consejera en Naciones Unidas. Una noche los cuatro fuimos a cenar, y mis dos nuevas amigas comentaron: «Este hombre siempre está sonriendo, ¡qué serenidad transmite!». En aquella semana vi a Albert todos los días (y no le he vuelto a ver desde entonces) y en todas las ocasiones en las que me cruzaba con él le vi la misma sonrisa tranquila calada en el rostro. Así que Albert parece un hombre feliz, y parecerlo ya es bastante en los tiempos que corren. Yo ya les he expuesto, en estas páginas, mi pequeña teoría sobre la felicidad. En el resto de las páginas de este libro se cuenta el secreto de la eterna sonrisa de Albert Figueras, su personal teoría sobre cómo se construye una vida feliz.

LUCÍA ETXEBARRÍA

Antes de empezar

El espectro de lo que vemos y hacemos
está limitado por lo que no logramos percibir.
Y puesto que no logramos percibir
que no logramos percibir,
poco podemos hacer
para cambiar
hasta que percibamos
cómo no lograr percibir
nos modela los pensamientos y los actos.

Daniel Goleman. *El punto ciego*

Al visitar algún monumento emblemático de una ciudad, ¿nunca le llamó la atención ver un grupo de turistas que siguen el dedo indicador del guía y se apresuran a tomar la misma instantánea, en el mismo segundo? ¿Se fijó en cómo, al finalizar la visita-relámpago, sintética y comprimida a dicho monumento, todo el grupo corre detrás de un paraguas plegado o una banderita? Se dirigen a un autobús que les trasladará rápidamente al siguiente punto del plano, al siguiente edificio emblemático o al próximo museo.

Parece que lo importante sean las fotografías, para demostrar que uno estuvo allí. Cómo llegar o lo que está detrás del monumento o a su alrededor, qué ruido hay, los matices cambiantes de la luz a lo largo del día, a qué huele el lugar… todo esto son aspectos secundarios. Basta con la foto.

A menudo, la vida se compara con un viaje. Uno puede optar por el turismo organizado –que le garantizará ver diez capitales europeas en dos semanas– o un viaje por su cuenta, durante el cual vivirá el periplo: el viajero sabe dónde empezará, pero ignora dónde terminará. Depende de lo que encuentre en el camino. Lo cierto es que procurará saborear con todos los sentidos los lugares por donde pase y las personas que allí conozca.

En este tipo de viaje fuera de la pauta marcada y sin dedos que casi obligan a mirar hacia donde todo el mundo mira, uno tiene mayor probabilidad de encontrar esos pequeños placeres, esos momentos de felicidad que devienen situaciones agradables a pesar de su sencillez y de su cotidianidad. Nos hacen sentir bien como si fueran un placebo cualquiera.

Aprender a dejarse mecer por los placebos de la vida es, en definitiva, aprender a viajar por la vida, viviéndola.

Si leemos con atención los textos de Platón y Aristóteles, escritos hace 2500 años, podemos encontrar buena parte de lo que dicen muchos libros de los llamados de autoayuda, y algunos de los cuales son auténticos best sellers actuales. Platón, por ejemplo, dejó escrito: «Si no deseas mucho, hasta las cosas más pequeñas te parecen grandes».

El narrador francés Philippe Delerm publicó una colección de brevísimos recuerdos titulada *El primer trago de cerveza y otros pequeños placeres de la vida*, donde repasa con detallismo intimista algunas de aquellas situaciones que nos hacen sentir bien. El jersey de otoño, el periódico del desayuno, ser invitado a cenar por sorpresa, mojarse las alpargatas o el ruido de la dinamo de la bicicleta... ese leve roce que frena y frota ronroneando la rueda.

Uno de estos días, mi colega Erika Unfried me mandó un mensaje en el que me hablaba de la intensa época de lluvias que está viviendo Costa Rica. Escribía: «Llueve bastante y no puedo negar que, cuando comienza el chaparrón, tardo un poco en abrir la sombrilla con la excusa de sentir la lluvia, algo así como cuando era niña, que trataba de mojarme al máximo».

Al comienzo de la película francesa *Le fabuleux destin d'Amélie Poulain (El fabuloso destino de Amélie Poulain)*, el narrador explica que la protagonista «cultiva el gusto por los pequeños placeres: hundir la mano en un saco lleno de granos de café, romper la costra azucarada de la *crème brûlée* con la cucharilla y lanzar piedras sobre el agua del canal Saint Martin».

De todo ello surge *Pequeñas grandes cosas*. Y es que, como escribió el poeta inglés T.S. Eliot en *Cuatro cuartetos*:

No debemos dejar de explorar,
y el final de nuestra exploración
será llegar de nuevo al comienzo
y descubrir ese lugar por primera vez.[1]

Los placebos de la vida –junto con otro gran aliado, la creatividad– contribuyen a que percibamos el mundo de una manera más intensa, a que lo vivamos de un modo más particular. No como los turistas que se desplazan en masa tras un guía con un paraguas en alto, sólo mirando aquello que apunta el índice de su *pastor*.

1. T. S. Eliot, *Cuatro cuartetos*, Altaya, Barcelona, sección V.

Valorar estas pequeñas grandes cosas –los placeres minúsculos, los placebos personales– y tratar de ser creativos en todo lo que hacemos nos permite modular la reacción ante los estímulos no siempre agradables que recibimos de nuestro entorno. En definitiva, además de ayudarnos a evitar las respuestas mecánicas y predecibles, tal actitud contribuye a hacernos más libres, porque nos da seguridad frente a la inevitable incertidumbre vital.

Pinhal-Vilassar de Mar, verano del 2007

Capítulo 1
Bienvenidos a la vida

> Entre el estímulo y la respuesta, hay un espacio. En ese espacio radica nuestra libertad y el poder de escoger la respuesta. En la respuesta está nuestro crecimiento y nuestra felicidad.
>
> ANÓNIMO. Citado por S. R. Covey en el prefacio de *En busca del sentido: los principios de Viktor Frankl aplicados al mundo del trabajo* de A. Pattakos

Después de publicar *Optimizar la vida* en octubre del 2006, varios periodistas me preguntaron por qué había escrito aquel libro. Siempre les respondía lo mismo: quería transmitir la idea que actualmente tiene la ciencia del concepto de felicidad porque, de ese modo, nos puede resultar más sencillo reconocerla y no confundirla con otros estados.

En esencia, la felicidad no es más que la sensación de bienestar limitada en el tiempo que experimentamos de manera más o menos frecuente. Precisamente por su carácter efímero y por el hecho de llegar sin charangas ni pasacalles, hay muchas posibilidades de que la felicidad nos pase desapercibida si, en lugar de vivir el momento presente en toda su dimensión y con todos los sentidos, tenemos el pensamiento puesto en el pasado o en el futuro.

En definitiva, las ideas clave de aquel libro eran:

- Hay momentos en el día a día de nuestra existencia en los que nos sentimos *bien*. La felicidad que tanto anhelamos todos los seres humanos –y de la que tanto se han ocupado filósofos, escritores, cineastas, sacerdotes y publicistas desde el origen de todo– es, simplemente, esto.
- Dicho bienestar está limitado en el tiempo, y lo percibimos como tal por contraste: va precedido y está seguido de momentos en los que no nos sentimos *tan bien*.
- Por fortuna, estos momentos de felicidad son efímeros, puesto que el cerebro tiene una manera especial de operar: si algún estímulo dura demasiado, dejamos de prestarle atención o no lo encontramos tan placentero. Dos semanas de felicidad 24/24 horas se volverían insoportables.
- Muchas veces, la felicidad es sutil y se encuentra en los detalles; estos momentos se nos pueden escapar para siempre si no prestamos atención suficiente a lo que está aconteciendo a nuestro alrededor. Por ejemplo, si vamos montados en el avión de la prisa o si optamos por establecer relaciones superficiales con los demás (líquidas, como diría Zygmunt Bauman).

Andaba a la caza de una imagen que pudiera representar esta actitud de estar atentos a lo que pasa en cada momento, y me vinieron a la cabeza los *garimpeiros*[1] que buscan oro en el centro de Brasil.

1. Término portugués que designa al buscador de metales y piedras presiosas.

Dar con una pepita de oro en las tierras de aluvión que arrastran los ríos no es tarea sencilla. Para tener cierto éxito en la empresa de distinguir oro entre la arena del cedazo, el garimpeiro tiene que jugar con dos elementos: prestar mucha atención cada vez que llena el cedazo y contar con la complicidad de la luz del sol, que hace brillar el oro, aunque ya sabemos que no es oro todo lo que reluce.

En la vida, «prestar mucha atención» significa tratar de vivir con intensidad el presente, intentando dejar de lado lo que nos lleva a pensar en el pasado o en el futuro más de lo esencial. El otro elemento, «jugar con la luz del sol» es, en definitiva, el objeto de este libro.

Para el garimpeiro, el sol no es oro, ni transforma una piedra en oro; sin embargo, el sol hace brillar el oro y, de este modo, permite que los ojos del buscador atento se detengan sobre la pepita y la separen del resto.

Mapa de ruta

Al comienzo de la película *Lulu on the Bridge (Lulu en el puente)* de Paul Auster, Celia está comentando una noticia del periódico con Pierre, el dueño del restaurante donde trabaja: un saxofonista de jazz recibió un disparo fortuito y logró sobrevivir tras extirparle un pulmón. Celia se alegra.

PIERRE –¿Qué bien? Yo diría que parece una ironía: El tipo hace años que toca y nadie oyó hablar de él. Le disparan, su carrera queda destruida y, de golpe y porrazo, es un éxito total.

CELIA –Como mínimo está vivo. Si no estás vivo, no puedes hacer nada.

Siempre hay motivos para ver cualquier situación de un modo o justo del contrario, así como cualquier moneda tiene anverso y reverso. Lejos de las novelas y del cine, en la vida cotidiana, lo que para unos representa una desgracia sin precedentes, para otros es *la* oportunidad. Éste es el fundamento de la *resiliencia* de la que tanto han escrito autores como Al Siebert: el superviviente sabe aprovechar los reveses de la existencia para hacerse fuerte, maneja las dificultades con habilidad como quien se pone sobre una tabla de surf y va buscando el viento apropiado, al tiempo que sortea las olas o bien se aprovecha de ellas.

Una parte de esta fuerza vital, de esta energía sutil que nos permite ir recargando las baterías, procede del entorno de cada uno; son esas pequeñas cosas que se vuelven grandes. Las hemos llamado *los placebos de la vida*, y en las páginas siguientes hablaremos de ellos.

Los placebos de la vida son cosas, situaciones o acciones que –según han demostrado estudios científicos– contribuyen a incrementar el bienestar o a reducir el estrés, lo que nos predispone para potenciar al máximo los momentos positivos y, también, para afrontar mejor los inevitables momentos negativos de la existencia. Y todo ello, sin dejarnos llevar por la euforia desmesurada y bobalicona de las gafas con cristales de color de rosa, ni por las tinieblas *tenebrosas* del pesimismo.

Habría que zanjar de una vez la eterna disputa sobre el famoso vaso que, a ojos de unos, está «naturalmente» medio lleno mientras que, a ojos de otros, está «clarísimamente» medio vacío. La vida es como aquella ilusión óptica que, según cómo la miras, ves a una muchacha joven con un sombrero de plumas y, según cómo, ves a una mujer anciana con un pañuelo en la cabeza. Ambas imágenes coexisten en el dibujo y no hay una visión correcta ni otra incorrecta. Que tendamos a ver una u otra simplemente depende del contexto, del entorno o de nuestro estado de ánimo.

Éste es uno de los motivos por los que las «recetas para vivir mejor» o las «recetas para ser feliz» suelen fracasar. Probablemente están escritas a medida del autor y a él le resultan útiles; sin embargo, en este terreno no existen las fórmulas de aplicación universal.

Ante la complejidad y la variabilidad de las personas –algo que hace tan ameno y rico el género humano–, quizá la mejor respuesta sea proporcionar el conocimiento que nos explica el porqué biológico y el cómo neurológico, el substrato científico que nos permita identificar los elementos que le funcionan mejor a cada persona.

El primer gran hospital de la antigüedad estaba en Epidauro, donde había el santuario de Esculapio, el dios de la medicina. Según la descripción de Antonio Alzina,[2] los enfermos que iban hasta allí en busca de su curación debían purificarse en el mar antes de llegar. Tras las abluciones, baños y fricciones, entraban en el recinto donde eran sometidos a rigurosas prescripciones higiénicas e influencias sugestivas. Sólo entonces, se podían reclinar en un espacio para entrar en un sueño profundo junto a grandes estatuas de Esculapio y otras divinidades. Durante el sueño, se les aparecía el dios y les daba consejos y prescripciones para mejorar su salud, como dieta o ejercicios.

Jordi Nadal me descubrió el bellísmo relato de Henry Miller *El coloso de Marusi*, en el que relata su viaje a Grecia durante la Segunda Guerra Mundial. Al visitar a aquellas ruinas del Peloponeso, junto al imponente anfiteatro, escribió: «El paciente que llegaba a Epidauro, ya estaba curado. (...) Epidauro sólo es un símbolo; el lugar verdadero es el corazón, el corazón de cada hombre, si sabe encontrarlo».[3]

En *Pequeñas grandes cosas* partimos de esta premisa y analizaremos de manera sucinta y con ejemplos qué es un *placebo* en medicina y por qué utilizamos este nombre aplicado a la existencia: a menudo estamos acostumbrados a pensar en medicamentos como sinónimo de «sentirnos bien» y buscamos remedios para ser felices, pero la solución está en otra parte. A continuación, recordaremos las bases químicas del funcionamiento del cerebro y llegaremos a una pequeña molécula que, según los últimos estudios, podría ser la clave del bienestar, el elemento común de muchas actividades que generan placer y reducen el estrés. Lo remarcable de esta sustancia es que no podemos tomarla

2. *www.acropolis.org*
3. Henry Miller, *El coloso de Marusi*, Seix Barral, Barcelona, 1992.

como un medicamento cualquiera, sino que la genera el cerebro y, además, la tenemos todos. En la recta final, describiremos a modo de ejemplo algunos de estos placebos, pero dejando claro que la vida es como visitar un abigarrado y multicolor bazar oriental: a cada uno le llama la atención una mercancía distinta y acaba encaprichándose con lo más inesperado. Para terminar, hablaremos de algunos efectos negativos que, a veces, tienen los placebos.

Estamos en el siglo XXI y sabemos muy bien cómo tratar la enfermedad, el dolor, el estrés. Disponemos de muchas comodidades –impensables, sin ir más lejos, para nuestros abuelos o nuestros padres–. Hay muchos medicamentos, se edita una cantidad ingente de manuales para vivir y los teóricos de la vida se multiplican.

Sin embargo, cuando miramos las estadísticas, la depresión y las enfermedades cardiovasculares siguen ocupando los primeros lugares en los motivos de consulta, y no sólo en Estados Unidos, Japón y Europa, sino también en muchas otras sociedades industrializadas o semiindustrializadas.

¿Por qué? ¿Qué podemos hacer? La respuesta pasaría por intentar encontrar el equivalente a lo que en medicina se llama *prevención*.

Si para la mayoría de las enfermedades estamos tratando de cambiar el modelo curativo tradicional por un modelo preventivo, siguiendo aquella máxima de «más vale prevenir que curar», ¿tan descabellado es intentar pasar de la idea de curar el estrés y las enfermedades que produce –las enfermedades de la sociedad–, de curar las consecuencias de la velocidad y la multifunción, a tratar de prevenirlo?

Los placebos de la vida son las vacunas y las vitaminas que nos brindan la vida, la sociedad y las personas que tenemos alrededor. A lo largo de las páginas siguientes hablaremos de las pautas y la dosificación pero, sobre todo, del porqué.

Hay tantos *placebos* y, como hemos dicho, la respuesta de cada persona es tan variada, que quizá merezca la pena conocer su modo de acción y, a partir de ahí, cada uno podrá escoger sus placebos personales, como quien va a un restaurante y echa un vistazo a la carta, como quien se pasea por un mercado oriental y se detiene a regatear el precio de algo.

Capítulo 2
Al principio fue la complacencia

ESGANAREL —Mirad, opino que tiene que ponerse en la cama y que, como remedio, le deis pan mojado con vino.
GERONTE —¿Cómo? ¿Pan mojado con vino? ¿Y por qué, señor?
ESGANAREL —Porque el vino mezclado con pan al mismo tiempo tiene una virtud simpática que hace hablar.

MOLIÈRE. *El médico a palos*

A finales del siglo XIX y comienzos del siglo XX –cuando no había televisión ni cine y los automóviles eran muy escasos–, unas bandas de músicos y comediantes recorrían los caminos del sur de Estados Unidos en vistosos carromatos pintados ofreciendo su espectáculo por los pueblos. Llevaban antorchas de queroseno para iluminar los escenarios improvisados, tocaban el banjo y otros instrumentos fabricados con latón y maderas, y tenían unos patrocinadores curiosos: el laxante y tónico *Pizaro cactus juice*, el gran remedio indio *Kickapoo Indian Sagwa*, el *Kerr's Indian Remedy Vin-Tone*, o el *Tarrant's Seltzer*. De éste último, se conserva una cancioncilla que decía, en traducción libre:

> Es imposible encontrar remedio mejor
> para mantener la constitución y el vigor.

Para quedarse, llegó
y cada día más adeptos logró.
Ante él, la indigestión se detiene,
a su alrededor, la constipación cede
y los achaques a distancia mantiene.
Por tanto, la gente bien puede alabar sin fatiga
el TARRANT'S SELTZER cada día.

Eran los llamados *Medicine Shows* que acompañaban a médicos, curanderos y charlatanes por el país en una simbiosis que permitía subsistir a los músicos y vender ungüentos y jarabes preparados a base de *aceite de serpiente*, *opio* o *jugo de cactus*. Debía de ser algo parecido a Melquíades y la familia de gitanos que plantaban la carpa en Macondo y que permitieron al coronel Aureliano Buendía conocer el hielo y el poder del imán, según narra Gabriel García Márquez al inicio de *Cien años de soledad*.

En realidad, estos remedios que se vendían en los *Medicine Shows* no eran demasiado distintos de los que, desde tiempos remotos y hasta la llamada explosión farmacológica de mediados del siglo XX, se utilizaron en otras partes del mundo.

Quizá con excepción de la digoxina (para algunas enfermedades del corazón), la quinina (para las fiebres), la morfina y la aspirina, todos los demás remedios que la humanidad había estado utilizando desde que se tiene constancia escrita de las sustancias empleadas para curar enfermedades, cayeron en el olvido. Prácticamente ninguno de ellos pasaría los complejos requisitos que la ciencia moderna exige para demostrar la eficacia de un medicamento.

Naturalmente, la terapéutica moderna es uno de los factores que ha permitido mejorar la supervivencia. Fíjese que he escrito «uno de los factores», porque hubo otros, quizá más importantes, como la introducción de hábitos higiénicos –sobre todo lavarse las manos– o disponer de agua corriente y alcantarillado.

No hace mucho tiempo –y en algunos lugares sigue siendo así–, los pacientes que ingresaban en un hospital se distribuían en largos y abarrotados pabellones de treinta o cuarenta camas. En estas circunstancias y en épocas en las que no se conocían los antibióticos, el principal peligro eran las infecciones adquiridas en el propio hospital que, a menudo, se convertían en las mortales septicemias.

En 1845, el joven médico húngaro Ignaz Philip Semmelweis acababa de terminar los estudios de medicina en Viena y entró a prestar sus servicios en el Pabellón I de la maternidad del hospital de esa ciudad. La maternidad contaba con dos pabellones, pero el Pabellón I era temido por las mujeres gestantes, pues la mortalidad por fiebres tras el parto era cinco veces más elevada que en el Pabellón II. Ante la negativa de muchas mujeres a ser ingresadas en el Pabellón I, se formó una comisión de expertos que empezó a barajar posibles explicaciones ante esta diferencia en la tasa de infecciones mortales en ambas salas.

Algunos sabios apuntaban a «causas cósmico-telúricas e higrométricas», lo que Semmelweis rebatió porque los pabellones estaban uno frente al otro, y esta explicación no justificaba las diferencias.

Posteriormente se atribuyó al hecho de que el Pabellón I era atendido por estudiantes «en su mayoría extranjeros, cuya falta de consideración y brutalidad originaba las inflamaciones mortales», así como el hecho de que «las manos masculinas son más toscas y hieren el pudor de las mujeres», mientras que el Pabellón II era atendido por comadronas. Semmelweis se opuso de nuevo a estas explicaciones porque, precisamente en el Pabellón I ingresaban las prostitutas, «mujeres acostumbradas al trato rudo»; e insistió en que la diferencia debía de estar en alguna otra particularidad de esa sala.

Finalmente, y tras arduas discusiones y descalificaciones, Semmelweis observó que los estudiantes hacían las autopsias de los cadáveres y, a continuación, examinaban a las parturientas, mientras que las comadronas del Pabellón II sólo atendían partos. Así que obligó a los estudiantes a lavarse las manos antes de entrar en la sala de partos. La nueva norma originó grandes protestas entre los estudiantes, lo que marginó a Semmelweis. Sin embargo, años más tarde, cuando Koch y Pasteur descubrieron los gérmenes como sustancias patógenas, las teorías de Semmelweis tuvieron que ser aceptadas y este simple hábito comenzó a salvar vidas.

Hay algo que llama la atención de todas estas historias: incluso con los antiguos remedios aparentemente sin eficacia (como la baba de caracol, la uña de gato o el cuerno de rinoceronte), había algunas personas que lograban curarse de las enfermedades que les afectaban.

En resumen, hasta la Primera Guerra Mundial había pocos medicamentos –y todavía eran menos los que podríamos considerar verdaderamente eficaces–. El médico utilizaba la historia natural de la dolencia (que conocía bien), visitas frecuentes al paciente (que aumentaban la confianza en él), la exploración completa y a consciencia, largas conversaciones, etcétera. Y muchos pacientes salían adelante, siempre que no se tratara de infecciones graves (porque había pocos antibióticos –los primeros son de finales del siglo XIX–, no se tenía el hábito de lavarse las manos y había poca agua corriente).

La gran pregunta es: ¿cómo y por qué algunas personas se curaban –y se siguen curando– sin recibir un medicamento eficaz?

Entre lo mágico y lo esotérico

Cuando hablo a los alumnos de medicina sobre lo que significa tratar a un paciente, más allá del mero acto de escribir una receta, acostumbro a mostrar una fotografía en la que llevo puesta la máscara veneciana del *dottore Peste*. Cuando la conocida epidemia de la Peste Negra azotó Europa en el siglo XIV, los médicos –que en aquella época lucían ricas vestiduras con bordados de oro y otros aderezos que les distinguían como tales– llevaban este tipo de máscara para no

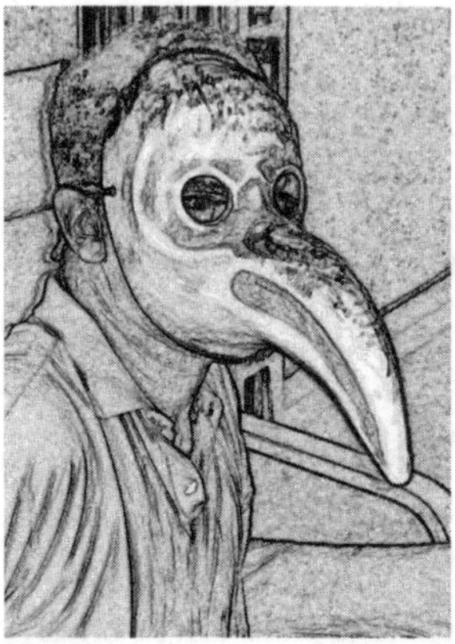

respirar los *miasmas* que había en los aposentos de los afectados. Según cuentan, en el interior de la enorme nariz colocaban una mezcla de perfumes que, además, contrarrestaba el hedor de los cuerpos en descomposición. Más allá de la anécdota, me interesa transmitir a los futuros médicos la importancia de algo que la presión asistencial y la disponibilidad de medicamentos eficaces y potentes hace olvidar a menudo: la importancia que tiene el contacto con el paciente y conversar con él en el proceso de curación. Y esto es algo que cualquier tipo de terapia tiene muy en cuenta.

En la mayoría de los pueblos de las provincias del nordeste de la Argentina hay curanderos. Al curandero se va, sobre todo, cuando algún miembro de la familia padece un mal que hace tiempo que no responde al tratamiento del médico. Quizá la cura más habitual es la del *empacho*, y expresiones como «vamos a que te tiren el cuerito», son habituales.

El curandero soluciona varias afecciones con distintos remedios. La grasa de la iguana reduce la inflamación debida a picaduras de araña o mordeduras de víbora y alivia el orzuelo. La grasa del yacaré se usa para hacer fricciones en zonas con *recaldaduras*; la de gallina, en casos de bronquitis y catarro, y la del carpincho, para el asma. Para el dolor de muelas, en cambio, lo mejor es morder un pedazo de piel de sapo.

¿Sonríe? Bueno, vayamos a la medicina tradicional puntera.

En 1961 se puso de moda extirpar el cuerpo carotídeo para tratar el asma bronquial. Se trata de una pequeña estructura de tejido nervioso situada cerca de las arterias carótidas, que parece controlar el contenido sanguíneo de oxígeno y la respiración.

En 1973 comenzó a tratarse la frecuente infección por virus del herpes con un sistema llamado *inactivación fotodinámica*, basado en algún estudio de laboratorio que demostraba que el virus se inactivaba cuando se le aplicaba un tinte y, a continuación, se colocaba bajo un haz de luz fluorescente.

Once años antes, varios autores apostaron por tratar las dolorosas úlceras gástricas y duodenales con un complicado procedimiento que, en esencia, congelaba la pared del estómago mediante un globo lleno de alcohol etílico absoluto frío.

Durante muchos años se utilizó la ligadura de las arterias mamarias en pacientes con problemas cardíacos…

Estas cuatro intervenciones terapéuticas tienen algo en común: después de un tiempo de haber causado furor, estudios realizados siguiendo un método más cuidadoso demostraron que ninguna de ellas era eficaz. Probablemente se habían desarrollado tantísimo por la voluntad de complacer al paciente. (Es decir, eran un *placebo*, palabra latina que significa, precisamente, «yo complazco».)

Claro que queda una duda enorme por resolver: bastantes pacientes sometidos a extirpación del cuerpo carotídeo, a sesiones de inactivación fotodinámica, a congelación de la úlcera gástrica o a ligadura de las arterias mamarias, mejoraron notablemente sus síntomas o, sencillamente, se curaron... igual que algunos de los pacientes a quienes les aplican grasa de iguana o los que muerden un sapo.

De nuevo, la gran pregunta que uno se hace es: ¿Por qué se curan estos pacientes, si nadie ha demostrado que los tratamientos que les aplican sean eficaces?

La explicación que la medicina tiene en este momento se llama *efecto placebo*.

El efecto placebo en la investigación actual

En la entrada dedicada a *medicina* de la primera edición de la prestigiosa *Enciclopedia Británica* (Edimburgo, 1771), se lee:

> Cuando una enfermedad se ha curado, resulta extremadamente difícil determinar con certeza si la curación fue consecuencia de las acciones de la naturaleza o de algún remedio concreto que se hubiera administrado al paciente. Esta dificultad es todavía mayor debido a la gran variedad de medicamentos y a los distintos ingredientes que contienen, y que se administran en el curso de la enfermedad.
>
> *Enciclopedia Británica* (1771), Vol. III:58

Esta capacidad biológica para curar el organismo enfermo, así como el posible efecto de la sugestión, han influido mucho en el establecimiento de los principios científicos modernos que orientan sobre cómo hay que investigar un tratamiento para poder determinar su efecto real (la eficacia del mismo).

Con el fin de saber si un medicamento nuevo es eficaz para curar una enfermedad y conocer la magnitud de este efecto, es necesario comparar a un grupo de pacientes tratados con el fármaco (grupo experimental) con un grupo de pacientes no tratados (grupo de control).

Sin embargo, también hace muchos siglos que conocemos la susceptibilidad del cerebro a la sugestión: el hecho de poner una inyección o de saber que estamos tragándonos un comprimido que podría aliviarnos un síntoma, ejerce un efecto positivo que, en algunos casos, puede llegar a la curación completa del paciente.

Por este motivo, en los estudios de medicamentos nuevos (los ensayos clínicos), no basta con tener a un grupo de pacientes «sin tratamiento», sino que a los pacientes del grupo de control se les administra un placebo, o sea, un producto de apariencia y vía de administración exactamente iguales al medicamento que se experimenta, pero que contiene una sustancia sin efecto terapéutico (por ejemplo, sacarina o bicarbonato).

De este modo, podemos estar seguros de que el beneficio observado en el grupo experimental se debe a la molécula que toman estos pacientes y no al hecho de «tratar» o «no tratar».

En el cuadro siguiente hemos reproducido un ejemplo numérico de un ensayo clínico.

Creemos tener un nuevo medicamento XYZ para el dolor de cabeza. Antes de poder usarlo en pacientes, hay que medir su eficacia mediante un ensayo clínico. El medicamento XYZ se fabrica en forma de comprimido romboidal rojo y debe ingerirse con agua abundante.

El grupo experimental del ensayo clínico estará formado por 100 pacientes con dolor de cabeza que recibirán un comprimido de XYZ. En el grupo de control incluiremos a un número similar de pacientes –también con dolor de cabeza– pero que, en lugar de XYZ, recibirán un comprimido romboidal de color rojo que sólo contiene sacarina y lo tomarán con abundante agua.

Grupo experimental
100 pacientes
XYZ

Grupo de control (placebo)
100 pacientes
sacarina

Al cabo de 12 horas, citamos a los pacientes de ambos grupos para conocer la evolución de su dolor de cabeza. Preguntamos cuántos pacientes de cada grupo notaron una mejoría de sus síntomas. Afirman no tener dolor de cabeza 75 pacientes del grupo experimental y 60 del grupo de control que recibió placebo.

Grupo experimental
100 pacientes
mejoran: 75 (75%)

Grupo de control (placebo)
100 pacientes
mejoran: 60 (60%)

Al analizar los resultados, observamos que el medicamento XYZ curó a un 15% más de pacientes que el placebo. XYZ es más eficaz que el placebo, pero… ¡El placebo consiguió curar a un 60% de los pacientes!

¿Qué es lo que sorprende de estos resultados?

¿No le parece curioso que una proporción nada despreciable del grupo tratado con placebo refiriera una mejoría de su dolor de cabeza a pesar de haber tomado sólo un comprimido rojo romboidal con sacarina?

Si busca entre los recuerdos, seguro que le vienen a la cabeza historias que escuchó de alguna persona a quien varios médicos habían diagnosticado una enfermedad incurable y que, inexplicablemente, no sólo sobrevivió más allá del tiempo de vida que le concedieron los médicos, sino que incluso se le normalizaron los análisis o el tumor dejó de ser visible en las radiografías.

Naturalmente, estos casos son excepcionales. Sin embargo, al examinar la evolución de los pacientes asignados al grupo de control de numerosos ensayos clínicos, sí se ha concluido que la respuesta al placebo es muy elevada en muchos síntomas o enfermedades (especialmente en dolor, algunos problemas digestivos, cierto tipo de temblor asociado a la enfermedad de Parkinson o, incluso, la hipertensión arterial).

Algún autor llega a afirmar que quizás el efecto que más se observa en medicina y el que se ha reproducido en más ocasiones a lo largo del tiempo es el efecto placebo. Éste es un efecto que se conoce desde la antigüedad, y que lo han utilizado, no sólo los médicos, sino otros profesionales relacionados con la curación.

El efecto placebo en medicina

Danielle Fecteau publicó un extenso análisis del efecto placebo y el poder de curación. En él, hace una amplia revisión del uso del placebo en la práctica médica y comenta que algo más de la mitad de las personas con dolor de cabeza presentan alivio si toman un remedio *sin efecto*; una proporción muy elevada y sólo algo menor que la tasa de alivio que se obtiene con un analgésico (éste es el ejemplo que utilizamos en el cuadro anterior).

Algún estudio ha demostrado que tomar un placebo aumenta la concentración de endorfinas, unas sustancias endógenas que tienen cierto efecto analgésico. Algo parecido sucede cuando un médico o un enfermero nos comenta que va a darnos un remedio para el dolor: también aumentan las endorfinas.

Es decir, nuestro organismo tiene una capacidad natural para aliviarnos el dolor.

Se ha observado que esta capacidad de *autocuración* (o de *autoalivio*) también está presente en otras dolencias, como ciertos problemas digestivos. Algunos estudios obtienen un 68% de curación con placebo y un 80% cuando se toma tratamiento activo (lo que significa que sólo un 12% de las personas con este problema digestivo se curan por efecto del medicamento). Al respecto, Danielle Fecteau señala:

«Es esencial recordar algo en relación con todos estos estudios: es el propio cuerpo quien se encarga del trabajo de curación –a veces, parcialmente; a veces por completo–. Con frecuencia, basta que el médico nos prescriba un tratamiento para que nuestro organismo se encargue de activar los mecanismos fisiológicos apropiados que, en el mejor de los casos, llevará a la curación».[1]

Algunas investigaciones sobre cómo actúa el placebo en la hipertensión arterial, por ejemplo, también concluyen que, efectivamente, el efecto placebo dura varias semanas o meses. Y estas mismas observaciones se han repetido con otros síntomas y enfermedades.

Ante estas pruebas, era necesario dar respuesta a una pregunta lógica: la curación o la mejora de los síntomas en los pacientes que reciben placebo, ¿se debe a la administración de una sustancia placebo, o bien los pacientes se habrían curado igualmente sin ningún tipo de tratamiento?

Para medir la magnitud del efecto placebo, si es que realmente existe, basta con analizar los estudios publicados en los que se habían asignado los pacientes a tres grupos:

- los que recibían tratamiento activo (un medicamento)
- los que sólo recibían *tratamiento placebo*
- los que no recibían nada

Este análisis dio un resultado curioso: si bien parte de los pacientes que habían recibido tratamiento placebo no se diferenciaron de los pacientes a quienes no se les había hecho ninguna intervención, sí se observó en ambos grupos un *efecto* placebo, que se explicaba por la dinámica establecida entre el médico y el paciente.

En 1987, Kate B. Thomas, de la Universidad de Southampton, realizó un experimento que

1. D. Fecteau, *L'effet placebo. Le pouvoir de guérir*, Les Éditions de l'Homme, Québec, 2005.

permitió demostrar algo nuevo: la actitud del médico que aplica el placebo es un componente esencial del efecto placebo, más allá de la administración de un comprimido o de la realización de una cirugía ficticia.

Dividió a 200 pacientes en dos grupos al azar:

- Grupo A (100 pacientes): el médico les dio un diagnóstico firme y su actitud fue muy positiva.
- Grupo B (100 pacientes): el médico les proporcionó un diagnóstico incierto y un mensaje negativo del tipo: «No estoy seguro de lo que tiene».

Además, administró un comprimido de placebo a 50 pacientes de cada grupo.

Los resultados muestran que un 64% de los pacientes del grupo A mejoró, mientras que, en el grupo B, sólo mejoró un 39% de los pacientes. Y no hubo diferencia entre recibir o no placebo.

La conducta positiva del médico explicaba esta diferencia del 25% de respuesta positiva adicional.

Curiosamente, ha habido una tendencia a minimizar el efecto placebo o, simplemente, a ignorarlo porque la investigación científica pone énfasis en el conocimiento de los mecanismos de acción de los medicamentos (o sea, sobre qué receptores se fijan y cómo actúan). Además, aparentemente, el efecto placebo es más escurridizo y quizá cueste más *verlo* en el microscopio. Esto explicaría por qué a veces se ha negado o se ha menospreciado.

Sin embargo, cuando se considera el efecto placebo como algo más que la simple administración de una cápsula inactiva, tal como demuestra el estudio de Thomas que acabamos de describir, se abre otro panorama mucho más amplio e interesante.

Desde esta perspectiva, la intencionalidad, las expectativas, la cultura y el significado se convierten en elementos fundamentales de la terapéutica y se consideran determinantes sustantivos de la salud.

Después de haberse publicado varios estudios que demuestran que un comprimido de azúcar carece de efecto placebo sin la actitud positiva del médico, la comunicación adecuada y su contacto compasivo, el efecto placebo pasa a ser un componente más, no sólo de la terapéutica, sino de la vida en general.

En este sentido, y en una época en la que los procesos de atención a la salud se podrían automatizar mucho, se afirma que precisamente ésta es la esencia de la práctica de la medicina. Probablemente pocos pacientes aceptarían una medicina despersonalizada.

No cabe duda de que la respuesta del paciente sale beneficiada por la presencia de un profesional sanitario atento, con empatía, que desprende confianza, refuerza las expectativas del enfermo y favorece una respuesta placebo potente (a la que, se le suma el efecto de la terapéutica prescrita). Es imprescindible que, incluso cuando se prescriba el mejor tratamiento disponible, para maximizar los efectos, el acto de escribir la receta vaya acompañado de acciones clínicas concretas:

- hablar de manera positiva sobre los tratamientos
- favorecer y cultivar la confianza
- establecer relaciones de apoyo

- explorar los valores del paciente
- alentar
- consolar
- respetar el carácter único de cada paciente
- crear la ceremonia, el ritual

Por tanto, es muy difícil disociar el papel de la persona que proporciona el tratamiento del mismo efecto placebo. En el caso de los médicos, por ejemplo, el hecho de ser un *curador* reputado contribuye positivamente a dicha respuesta, y no es baladí que en la sala de espera o en la misma consulta, muchos médicos ostenten signos de ello: muestras de su grado de cualificación, de su larga experiencia y de su aceptación social suelen formar parte de la decoración de muchas paredes. Así pues, lo externo, el decorado, el *atrezzo*, se convierte en un elemento importante del proceso de curación, y esto es algo de lo que ya hablaba Hipócrates en obras como *De los pronósticos* hace 2500 años.

Probablemente, este fenómeno que se ha observado con el médico convencional, también explicaría parte del éxito de otros sanadores que, en las distintas sociedades y los diferentes ámbitos, reciben apelaciones como *sacerdote*, *chamán*, *sabio*, *curandero*, *santero* o *lector de tarot y manos*, oficios que, de algún modo u otro, se han ocupado del confort del ser humano.

Asimismo, cuando se analiza qué contribuye al efecto placebo, varios estudios han permitido hacer una lista exhaustiva de objetos, situaciones o intervenciones distintas que han demostrado eficacia. Por ejemplo, aparte de píldoras, jarabes o comprimidos, se citan las cicatrices de intervenciones quirúrgicas (que, en algunos casos, se han limitado a una incisión cutánea superficial que se sutura sin más), distintos tipos de aplicaciones (como un brazalete o un parche cutáneo), el tacto, las palabras y los gestos (que contribuyen al ritual), el ambiente local y ciertas actuaciones sociales.

Quizá resulte sorprendente pensar en *intervenciones quirúrgicas placebo*. En realidad, la extirpación del cuerpo carotídeo o la ligadura de las arterias mamarias que comentábamos anteriormente eran *intervenciones placebo*, porque nunca se logró demostrar una eficacia terapéutica específica y clara. Pero más allá de estas intervenciones, que en su momento se pusieron de moda e iban precedidas de mucha publicidad y gran expectativa, en algunos pacientes con cierto tipo de dolor para el que no se encontraba ninguna causa que lo explicara ni ninguna anomalía fisiológica que lo sustentara, a veces se optaba por llevarlos al quirófano, anestesiarlos ligeramente y hacerles una simple incisión en la piel que les dejaba una cicatriz ostensible. Se han descrito casos en los que el paciente, creyendo que le habían *seccionado el nervio* que le producía el dolor, dejó de sentir este dolor.

Naturalmente, este tipo de intervenciones tiene complejas connotaciones éticas y morales, por lo que se usan raramente.

Otro factor sorprendente que contribuye a la curación es el grado de adherencia al tratamiento: seguir al pie de la letra las indicaciones del médico o del prospecto del medicamento.

> Durante la década de 1960 se reclutaron más de 5000 pacientes en un estudio conocido como el *Coronary Drug Project.*
>
> Hombres con riesgo elevado de padecer dolencias cardiovasculares recibían un medicamento activo (Grupo 1) o bien placebo (Grupo 2) para reducir uno de los factores de riesgo, el colesterol.
>
> Al cabo de cinco años, se observó que la mortalidad era parecida en ambos grupos, pero el resultado variaba según la adherencia al tratamiento.
>
> Entre los buenos cumplidores del Grupo 2 (los que habían tomado más del 80% de la dosis de placebo), la mortalidad era del 15%; exactamente la misma que se observaba entre los pacientes del Grupo 1 (los muy cumplidores que habían tomado el fármaco activo).
>
> Pero, curiosamente, entre los no cumplidores (que habían tomado menos del 80% de la dosis), la mortalidad se situaba entorno del 28%, tanto entre los pacientes del Grupo 1 como los del Grupo 2.
>
> En definitiva, parece que, en este caso, lo que marcaba la diferencia, más que tomar el fármaco que tenía que reducir los niveles de colesterol, era seguir las pautas de tratamiento (es decir,

el ritual de tomar regularmente el remedio y, por tanto, que el paciente estuviera convencido de que hacía algo para reducir su riesgo de padecer una enfermedad cardíaca).

Probablemente hay otros elementos más allá de la sustancia placebo, como la dinámica que se crea entre el paciente y el médico.

Podríamos aventurar la hipótesis de que quizás esta dinámica (con todos los componentes neurológicos que pueda generar) sería válida para otras situaciones, aparte de aquellas en las que se administra un placebo en el contexto del tratamiento de una enfermedad. Es posible que haya otros rituales, otras asociaciones, que pongan en marcha los mismos mecanismos cerebrales que el hecho de recibir un placebo. Quién sabe, quizás una buena comida, cierto tipo de relaciones sociales, o esa música que tanto nos gusta… En definitiva, cosas que tenemos al alcance de la mano y que pueden provocar bienestar, felicidad.

Sin embargo, antes de adentrarnos en esta hipótesis, tendríamos que profundizar algo más en los mecanismos neuronales de la respuesta placebo e intentar buscar paralelismos.

Para seguir la ruta que nos habíamos propuesto al inicio, empecemos por remarcar una idea clave: el efecto placebo constituye un halo que rodea incluso a tratamientos e intervenciones que por sí solas son eficaces, y que no hace sino aumentar las probabilidades de curación o magnificar el efecto del tratamiento.

Si un tratamiento es eficaz, el efecto placebo incrementa esta eficacia y, si un tratamiento no tiene eficacia, el efecto placebo simplemente pone en marcha la dinámica de curación que posee cualquier organismo.

No podemos pasar por alto un debate actual sobre los placebos: el papel del placebo en la medicina del siglo XXI, en una sociedad controlada y con una ciencia controlada. Además, sigue abierto un debate ético encendido en relación con el placebo. ¿Es más ético *engañar* al paciente con un placebo –con la posibilidad más o menos remota de que se cure–, o decirle la verdad –que no disponemos de un fármaco con eficacia probada y que su enfermedad no tiene cura conocida– y, de este modo, impedir que actúe el efecto placebo?

Para muchos, el uso de un medicamento placebo es un paternalismo inaceptable. Y concordamos con esta reserva. Sin embargo, en este tipo de discusión hay que diferenciar el simple hecho de recetar unas cápsulas de sacarina haciendo creer al paciente que son un medicamento activo que le curará, de otra cuestión más compleja y que constituye el fundamento de este texto: el efecto placebo, el efecto positivo que ejercen muchas circunstancias y acciones sobre la persona.

Entre las bambalinas del efecto placebo

Se ha investigado bastante sobre el efecto placebo. Por ejemplo, se sabe que existe una relación con la dosis. Si se administra una dosis mayor de comprimidos placebo (un comprimido cada ocho horas), su efecto es también mayor en relación con los pacientes que reciben una dosis más baja (un solo comprimido al día).

También se sabe que hay diferencias en la magnitud del efecto placebo en función del color del comprimido: los azules son más sedantes que los rosados; los amarillos, más estimulantes que los verdes; los rojos producen una respuesta cardíaca más marcada que los beis.

Las inyecciones y las incisiones quirúrgicas son más eficaces que los comprimidos.

Un factor curioso es el sexo: parece que la analgesia debida al efecto placebo es más marcada en el hombre que en la mujer (especialmente cuando el médico/investigador es mujer).

Y la respuesta, además, no depende solamente de la persona a quien se aplica el estímulo, sino que se ve influida por terceras personas.

> Se llevó a cabo un estudio que consistía en colocar a dos grupos de hombres y mujeres frente a una situación que desencadenaba una respuesta de estrés (por ejemplo, tener que hablar ante un público desconocido sobre un tema que dominaran poco). Se quería medir la reacción ante esta situación estresante (mediante las concentraciones de la sustancia que indica que ha habido una respuesta de estrés, el cortisol).
>
> Para ello, a los participantes del Grupo 1 se les permitió que, durante los diez minutos anteriores a la prueba, su compañero les proporcionara apoyo verbal. En cambio, a los participan-

tes del Grupo 2 se les ponía frente a la situación estresante sin preámbulo.

Se observó una respuesta distinta entre hombres y mujeres:

- Cuando las mujeres tienen apoyo de su compañero antes de exponerse a la situación estresante, les aumenta el cortisol (o sea, reaccionan más al estrés).
- Cuando los hombres tienen apoyo de su compañera antes de exponerse a la situación estresante, la respuesta es una reducción del cortisol.

En definitiva, hombres y mujeres reaccionamos de manera diferente frente al apoyo del compañero. Podríamos afirmar que, para los hombres, el apoyo de su compañera ejerce un cierto efecto placebo mientras que, para las mujeres no se observa el mismo efecto (aunque ya veremos en el capítulo 7 que, en este mismo experimento, las mujeres reaccionaban mucho mejor cuando su compañero les hacía un masaje en los hombros y la nuca, en lugar de limitarse a hablarles).

La información ejerce un efecto variable según la persona. Por un lado, si a un grupo de personas les explicamos que estamos haciendo un estudio sobre las características del dolor en el brazo y les decimos: «Ahora se producirá un estímulo doloroso», la puntuación al dolor es menor que la comunicada por otro grupo al que no hemos informado previamente.

Sin embargo, no hay que olvidar el fenómeno contrario (y del que hablaremos en el capítulo 8): algunas personas experimentan el efecto totalmente opuesto; algunas personas muestran ansiedad y perciben un dolor más intenso precisamente cuando saben con antelación que van a recibir un estímulo doloroso. Es lo que se denomina *efecto nocebo.*

En resumen, es difícil medir la magnitud del efecto placebo porque depende de numerosos factores entre los que, aparte de los ya citados (relacionados con el propio placebo y con quien lo suministra), habría que añadir el sexo y la raza del paciente, su base cultural o las expectativas.

Ahora bien, hay un par de puntos clave para comprender la respuesta al placebo:

1) El efecto placebo no requiere que se administre un comprimido o que se ponga una inyección; algo tan simple como ir a la consulta y que el médico nos tranquilice sobre el origen benigno de un síntoma determinado puede bastar para que éste mejore o desaparezca.

2) Un placebo puede funcionar incluso aunque el paciente sepa que está tomando un placebo.

Estos dos hallazgos sugieren que existe algún mecanismo neuropsicológico capaz de explicar la universalidad de dicho efecto y sus leyes biológicas. Por otro lado, abren la puerta a otros efectos adicionales –más allá del clásico efecto placebo descrito más arriba–, que compartan dichos mecanismos neurológicos y que, por tanto, podrían mostrar sus mismos beneficios, no sólo en la enfermedad, sino también en situaciones cotidianas.

Una breve referencia a los mecanismos neurológicos que explican el efecto placebo puede ayudarnos a dilucidar estas cuestiones y, además, nos proporcionará las bases para comprender por qué podemos hablar de «los placebos de la vida».

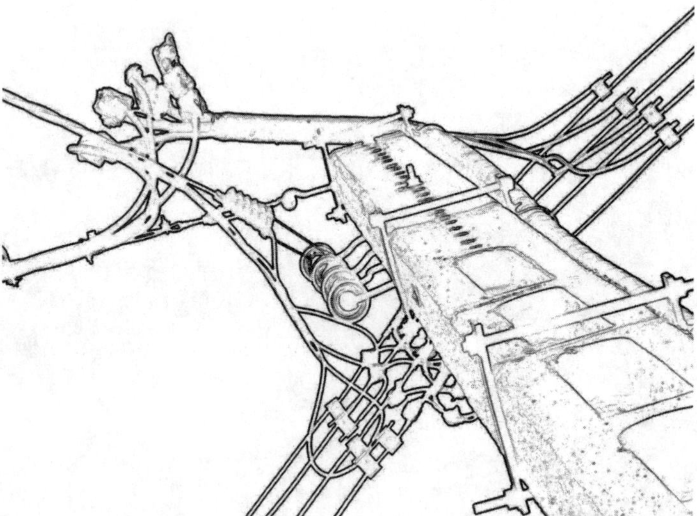

Capítulo 3
Conexiones y chispazos

Muchas veces me he preguntado qué debe querer decir la gente cuando habla de una «experiencia» maravillosa. Yo soy técnico y estoy acostumbrado a ver las cosas tal como son. (...) Veo la luna sobre el desierto de Tamaulipa –más clara que nunca, tal vez sí–, pero la considero una masa calculable que gira alrededor de nuestro planeta.

MAX FRISCH. *Homo Faber*

En el capítulo anterior, habíamos llegado a la conclusión de que el efecto placebo en medicina consiste en una respuesta compleja durante el proceso terapéutico, y que va más allá de la ingestión o la inyección de un medicamento o una sustancia inactiva.

Sabemos que en el efecto placebo intervienen numerosos factores, incluida la capacidad de sugestión, las expectativas o el condicionamiento. En 1990, Roger J. Bulger, de la Association of Academic Health Centers de Washington, dio una definición que tiene en cuenta las distintas dimensiones del efecto placebo:

«Es la respuesta biológica iniciada en la corteza cerebral que facilita la activación de los sistemas nervioso, endocrino e inmunitario. Estos sistemas permiten, entonces, poner en marcha las acciones beneficiosas a nivel molecular y aliviar o curar la enfermedad».

Tres mecanismos complementarios

Teniendo en cuenta las bases psicológicas y neurofisiológicas de la conducta (o sea, el funcionamiento de los circuitos cerebrales y la respuesta de las personas frente a los estímulos), el efecto placebo se ha atribuido a tres mecanismos probablemente complementarios.

El primero de ellos es la expectativa. Sólo el hecho de esperar alguna cosa o de saber que esperan algo de nosotros, posee un efecto notable sobre nuestras percepciones y nuestras respuestas.

Hay numerosos ejemplos: algunas personas responden ante la expectativa de que pueden ser evaluadas; otras responden según lo que creen que se espera de ellas al ser evaluadas. Por su parte, los evaluadores que esperan un resultado positivo de un experimento tienen más probabilidades de contabilizar un resultado determinado cuando éste se acerca a sus expectativas (es decir, cuando es positivo –como esperan–), mientras que es más probable que un resultado negativo les pase por alto. Veamos con detalle un caso curioso.

Un tema de discusión antiguo es si realmente las mujeres tienen menor capacidad que los hombres para resolver problemas matemáticos. Varios estudios han demostrado que tal afirmación es falsa; sin embargo, forma parte de esa nube de conceptos erróneos que una gran parte de las personas tiene más o menos asumidos y que llamamos *estereotipos*.

Por otro lado, un estudio demostró que, frente a un estereotipo, las personas tendemos a comportarnos siguiendo la pauta de conducta del estereotipo, de modo que lo perpetuamos (le damos la razón). Por ejemplo, los afroamericanos obtienen peores resultados en algunos ejercicios, cuando éstos hacen referencia velada a la raza, porque el estereotipo de su *inferioridad* está muy extendido en Estados Unidos.

Partiendo de ambas ideas, Dar-Nimrod y Heine, dos profesores de la Universidad de British Columbia, llevaron a cabo el siguiente estudio: a un grupo de mujeres se les hizo dos exámenes de matemáticas con una prueba verbal intercalada (un análisis de texto). La particularidad residía en que había que analizar tres tipos de texto, especialmente relacionados con las participantes:

- Grupo 1: Un texto explicaba que las mujeres tenían una dificultad de base genética con la matemática –es decir, que poco se puede hacer para modificarlo–.
- Grupo 2: Otro texto explicaba que dicha dificultad dependía de la experiencia (que podía superarse fácilmente mediante el aprendizaje).
- Grupo 3: El último texto afirmaba rotundamente que era falso que las mujeres obtuvieran peores puntuaciones en matemática.

Los resultados de los exámenes realizados en este estudio diferían de un grupo a otro: las mujeres de los Grupos 2 y 3 obtuvieron mejores resultados en la prueba de matemática hecha inmediatamente después de leer el texto que las del Grupo 1, aquellas a quienes se les aseguraba que hay diferencias genéticas (por tanto, sin solución).

Otra explicación del efecto placebo hace referencia al condicionamiento, que es, quizá, más importante que las expectativas. Fíjese en el siguiente experimento con roedores:

A un grupo de ratas (Grupo 1) se le administró un potente medicamento comúnmente usado en el tratamiento del cáncer junto con agua azucarada.

A las ratas del Grupo 2 sólo se les dio agua azucarada.

El medicamento anticanceroso tiene la peculiaridad de ser tóxico para las células sanguíneas, de modo que produce una disminución de las defensas inmunológicas.

Poco después de haber iniciado el experimento, las ratas que habían recibido el medicamento (Grupo 1) presentaron problemas inmunológicos, pero las del Grupo 2 (sólo agua azucarada), siguieron con las defensas normales.

Cuando las ratas del Grupo 1 hubieron recuperado su inmunidad, a la mitad (Grupo 1A) se les dio agua azucarada; a la otra mitad (Grupo 1B) no se les dio nada.

Las ratas del Grupo 1A (que habían tomado de nuevo agua azucarada) presentaron una reducción de las defensas, a pesar de que esta vez no se les había dado el medicamento tóxico.

Se trataba de una respuesta condicionada al placebo.

La tercera explicación del efecto placebo son los mecanismos neurofisiológicos, que implican la participación de neurotransmisores y ciertas neuronas.

En la práctica, probablemente los tres mecanismos funcionan de manera conjunta con intensidades diferentes, pero siempre complementándose. Veamos otro ejemplo:

Si informamos a una persona de que le hemos administrado un analgésico (que, en realidad, es un placebo de sacarina), esto genera la expectativa de que el dolor le desaparecerá. Si, en ocasiones anteriores, a la administración del mismo analgésico le siguió un alivio, esto condicionó las respuestas futuras a esta sustancia («como que antes me fue bien, ahora, también»).

Pero además de la expectativa y el condicionamiento, hay un tercer elemento: el dolor es una respuesta que está mediada, entre otras, por unas sustancias cerebrales llamadas *endorfinas*. Si se produce una disminución de la sensación dolorosa, es porque también hubo una respuesta neurofisiológica a este analgésico.

La interrelación que existe entre los distintos mecanismos que explican la respuesta placebo también nos permite explicar por qué el efecto placebo puede ir más allá de los límites de la terapéutica y por qué es posible hablar de una gran variedad de placebos de la vida (como el amplio catálogo que describiremos en el capítulo 7).

Sin embargo, antes de llegar a ese punto tenemos que recordar algunos conceptos básicos de los circuitos químicos y eléctricos del cerebro, que son los que permiten procesar los estímulos y generar las respuestas, los recuerdos y el pensamiento en general.

Circuitos, redes y chispazos

La neurofisiología es cada vez más compleja. Constantemente se está generando información nueva sobre neurotransmisores, receptores de estos neurotransmisores, hormonas y factores hormonales. Además, el mapa de los circuitos cerebrales y las áreas donde se produce una determinada respuesta, también se van completando cada vez más.

En realidad, en pocas décadas el conocimiento en este campo ha permitido pasar del mapa con pocos trazos y algunas cruces sobre un pedazo de pergamino arrugado, donde sólo se definían ciertas funciones cerebrales elementales, hasta el mapa actual, que sería el equivalente a la precisión de una fotografía tomada por un moderno satélite.

Por tanto, zambullirnos en el matraz de los neurotransmisores queda fuera del objetivo y la voluntad sucinta de este libro. El lector interesado podría echar mano, por ejemplo, de *Optimizar la vida* (donde dedicábamos unas cuantas páginas a resumir la neurofisiología y sus actores y *vedettes*).

Las cuestiones básicas que debemos recordar para poder seguir el razonamiento de los próximos capítulos no son muchas. En esencia, se limitan a que numerosas sustancias (neurotransmisores, moduladores y hormonas) contribuyen a la propagación de los distintos estímulos: los dolorosos, los placenteros, los olfativos, los visuales, los táctiles, los gustativos, etcétera. En función del tipo de neurotransmisores y receptores, la sensación o la respuesta serán una u otra.

Por ejemplo, como comentábamos en la sección anterior, los estímulos dolorosos dependen de las endorfinas. Esta respuesta suele ir seguida de la liberación de otro neurotransmisor, la dopamina, que activa los circuitos de recompensa cerebral y de la motivación (algunos autores aseguran que la activación de este sistema de recompensa es uno de los principales factores que explicaría la respuesta al placebo).

Sin embargo, las endorfinas y la dopamina no son los únicos implicados. Se ha observado que la serotonina, los endocannabinoides o la oxitocina, también están involucrados. Y, así, sucesivamente.

Por otro lado, las respuestas a estas sustancias (por ejemplo, la respuesta analgésica) son muy variadas. Así, las citadas endorfinas, aparte del dolor, también están muy relacionadas con respuestas cardiovasculares (aumento o descenso de la tensión arterial).

Esta diversificación tiene ventajas, pero puede ocasionar problemas; lo que en un sistema eléctrico llamaríamos *cortocircuito*. Basta un breve ejemplo:

> En el cerebro existe una zona central llamada *córtex cingulado anterior* que, aparte de las emociones, modula dos tipos de dolor: el dolor físico y el dolor al rechazo.

En la práctica, eso significa que factores endógenos o exógenos que aumenten la sensibilidad a un tipo de dolor, también podrían aumentar la sensibilidad al otro.

Dos ejemplos ilustrativos de las consecuencias de este cortocircuito:

1) Los niños que experimentan un dolor físico intenso también suelen experimentar más dolor social por separación del cuidador (un ejemplo de dolor al rechazo).

2) Un aumento del apoyo social se traduce en una reducción del dolor social. Y numerosos estudios han demostrado que las personas bien integradas y con apoyo social sienten menos dolor físico en caso de padecer alguna enfermedad crónica o cáncer; también experimentan menos dolor tras una intervención quirúrgica o durante el parto.

Optimizar
la vida

Capítulo 4
Les presento la piedra filosofal

> Cuando tus remeros hayan conseguido dejar atrás a las Sirenas, no te indicaré con precisión cuál de los dos caminos tomarás: aconséjate con tu corazón; eso sí, yo te diré cómo son uno y otro.
>
> HOMERO. *La Odisea XII, 55*

Hemos llegado a la mitad del camino trazado y nos encontramos con una mujer que está en los últimos días de su embarazo. Se siente pesada y con muchas ganas de parir. Con una mano se sostiene la barriga mientras, con la otra, pasea a su hija mayor después de salir del trabajo. Tiene un montón de cosas por hacer, pero ya las hará; ahora le toca ir al parque.

¿Ha observado qué sensación de tranquilidad transmiten las mujeres que están a punto de dar a luz?

Entre otros cambios hormonales, al final del embarazo el cuerpo de las mujeres empieza a producir grandes cantidades de oxitocina.

La oxitocina es la primera hormona que se descubrió. En 1928, el biólogo alemán Ernst Scharrer la identificó en un pez y pronto se observó su presencia, también, en la especie humana, tanto en el hombre como en la mujer. Sin embargo, tuvieron que pasar dos décadas hasta que se conoció su estructura química –y, por tanto, hasta abrir la puerta a su fabricación industrial para uso clínico–: a Vincent du Vigneaud le otorgaron el premio Nobel en 1955 por describir los nueve aminoácidos que configuran la oxitocina.

El parto veloz

William Smellie fue un obstetra escocés del siglo XVIII que describió por primera vez el funcionamiento mecánico del útero durante el parto. En realidad, desde tiempos inmemoriales se sabía que la administración de algunas sustancias inducía los dolores del parto en mujeres con el *útero perezoso*. Los médicos egipcios, por ejemplo, recetaban miel con marihuana, apio con leche o enebro con excremento de mosca; sabían que todas estas sustancias tienen propiedades *oxitócicas*, palabra de origen griego que significa «parto rápido o acelerado».

William Smellie fue un poco más allá y observó que las contracciones de la musculatura del útero grávido favorecían la salida del bebé y –otro aspecto tanto o más importante que éste– que las contracciones adicionales después de haber expulsado la placenta reducían el tamaño del útero. Así, esa misma contracción servía para ir taponando los vasos sanguíneos que hasta pocos minutos antes habían servido para nutrir al feto a través de la placenta y el cordón umbilical. La contracción adecuada del útero tras el parto evita uno de los principales peligros que entraña el parto para la madre: la hemorragia puerperal, que sigue causando tantas defunciones, especialmente en países de África y América Latina.

El descubrimiento de la oxitocina permitió observar que precisamente ésta era la hormona encargada de esa función vital, y du Vigneaud hizo posible que los laboratorios Sándoz comercializaran un preparado llamado Sintocynon (oxitocina sintética) en 1958. Este hecho cambió la atención del parto: no sólo se añadía un nuevo medicamento al pequeño arsenal terapéutico para evitar la temida hemorragia tras el parto (desde comienzos del siglo XX se disponía también de otra sustancia llamada *ergometrina*), sino que empezó a emplearse la oxitocina para acelerar el parto institucionalizado, en una época en la que se mecanizó enormemente esta función fisiológica de la mujer.

Avancemos un poco más. La oxitocina tiene otro papel en el período inmediato tras el parto: favorece la eyección de la leche. El cachorro humano es el más dependiente del adulto; a diferencia de cualquier otro mamífero, el niño requiere la atención y el cuidado de sus padres durante años antes de poder sobrevivir por sí solo. La lactancia materna es uno de los factores que permiten un desarrollo óptimo del bebé puesto que, aparte de los nutrientes, la leche materna aporta defensas frente a distintos tipos de infecciones y contribuye a fortalecer los lazos de unión entre la madre y el hijo (lo que en la literatura científica en inglés se denomina *bonding*).

Al ir profundizando en el conocimiento de la oxitocina, pronto se descubrió algo que, por fortuna, obligó a cambiar un poco la dinámica del parto deshumanizado tan en boga en la segunda mitad del siglo XX en las sociedades industrializadas. Ahora se está promoviendo como práctica esencial en todo el mundo.

Justo mientras estaba escribiendo este capítulo, me llegó un correo electrónico con un informe redactado por la UNICEF y la OMS dirigido a los países donde la mortalidad infantil es más elevada.

Los autores concluyen que es posible evitar hasta un 22% de las muertes de bebés durante el primer mes de vida con la práctica generalizada de una maniobra sencilla y eficaz. Hace unos años se observó que si se coloca al bebé sobre el pecho de la madre pocos minutos después del parto, este simple hecho produce un pico en la secreción de oxitocina de la madre, lo que favorece la inmediata eyección de la leche (y contribuye, de manera natural, a intensificar la contracción uterina tan necesaria).

El recién nacido, colocado piel contra piel sobre la madre, gatea sobre ella, la olisquea y le presiona los pezones con sus manos mientras va acercando su boca a uno de ellos para comenzar a succionar. Es lo que se conoce como el *breast crawl* (http://breastcrawl.org). Además de la lactancia, estos primeros minutos son esenciales para reforzar los lazos de unión entre madre e hijo.

El hecho de permitir que en una sala de parto –con su luz agresiva y un entorno tan instrumentalizado–, madre e hijo retomen el contacto, no hace más que reproducir una maniobra que debía de ser la habitual y fisiológica unos cuantos siglos atrás (y seguramente todavía lo es en sociedades que practican el parto en cuclillas).

Sabiendo esto, quizá no nos parezca demasiado chocante citar una costumbre tradicional de la medicina china: cuando el parto necesita un estímulo para evitar el sufrimiento fetal, se aconseja una ducha fría que endurece los pezones; esto provoca la liberación inmediata de oxitocina y, así, se logran las esperadas contracciones.

¿Make love, not war?

Si en su casa conserva alguna enciclopedia publicada hace más de quince años, puede echar un vistazo a la entrada *oxitocina*. Muy probablemente se encontrará con una frase parecida a esta: «Se desconoce el papel de la oxitocina en el hombre».

Por fortuna, en los últimos años numerosos investigadores se han repetido una y otra vez la pregunta: ¿Y por qué el hombre tiene oxitocina si no puede quedarse embarazado ni amamantar?

La respuesta ha permitido avanzar mucho en el conocimiento de las relaciones humanas, y sus consecuencias llegan incluso a afectar la esfera social, por ejemplo, aumentando la confianza en una reunión de negocios, tal como describiremos más adelante.

Pero volvamos al comienzo. Era lógico pensar que si la oxitocina poseía este efecto reproductor, quizá también tenía un papel en las relaciones sexuales. Efectivamente, pronto se descubrió que la estimulación sexual desencadena un aumento de oxitocina que llega a una concentración máxima durante el orgasmo. Algunos estudios llegan a demostrar que la intensidad de las contracciones musculares durante el orgasmo, tanto en hombres como en mujeres, está muy correlacionada con la cantidad de oxitocina presente.

Si echa un vistazo en internet, probablemente encontrará numerosas páginas web que se refieren a la oxitocina como la *hormona del amor*, un apelativo con indudable gancho periodístico que, con toda seguridad, habrá permitido levantar más de un negocio fraudulento tratando de vender amor en botellas, aprovechando para lucrar a partir de unas bases científicas que todavía se están investigando. Ahora bien, negocios aparte, algo hay de acertado en esa descripción.

Los conocimientos iniciales sobre las funciones sociales de la oxitocina se obtuvieron a partir de las observaciones del roedor *Microtus ochrogaster*.

> *Microtus ochrogaster* –al que llamaremos simplemente *ratón de campo*– tiene la particularidad de ser uno de los pocos mamíferos monógamos. Tras una cópula larguísima, el ratón de campo se une para siempre con su pareja y ambos se pasan horas limpiándose el uno al otro y preparando la madriguera común. No buscan nuevas parejas potenciales, el macho se convierte en un guardián de la hembra frente a otros machos, y ambos cuidan de la prole.

Lo curioso es que también existe el ratón de montaña, y la diferencia más relevante con el ratón de campo es que el de montaña sólo está interesado en su pareja mientras dura la cópula. ¿Cuál es la explicación química? Dos hormonas que el ratón de campo segrega cuando está con su pareja, pero que no tiene el de montaña: la oxitocina y la vasopresina.

Se ha comprobado que si se impide la secreción de estas hormonas, el ratón de campo se vuelve tan promiscuo como su pariente el ratón de montaña. También se ha comprobado que si se inyectan ambas hormonas a un ratón de campo sin que tenga relaciones sexuales, escoge la hembra que esté más próxima como *su* pareja.

Pero la clave del asunto se halló al intentar responder la pregunta: ¿Qué sucede si inyectamos las hormonas al ratón de montaña? La respuesta es que no ocurre nada, y el motivo es simple: el ratón de campo tiene receptores específicos para la oxitocina y la vasopresina en las áreas del cerebro relacionadas con la recompensa; el de montaña carece de ellos y, por tanto, su cuerpo no reconoce la oxitocina.

Cuando las dos hormonas llegan a los receptores que tiene el ratón de campo, la respuesta se transforma en una sensación de bienestar (en la que también participa el neurotransmisor dopamina).

El sistema de recompensa impide que cualquier animal –incluso el hombre– se olvide de beber, de comer o de copular. Se siente bien siguiendo este tipo de conductas, y las repite siempre que puede y mientras el sistema de saciedad no se lo impida.

Lo que hace especial al ratón de campo es la oxitocina y la vasopresina: ambas hormonas participan en una función cerebral muy específica que es el reconocimiento de los individuos, el reconocimiento social. En la especie humana sucede algo parecido.

Los hallazgos sobre la oxitocina y muchas investigaciones en mamíferos y en humanos han permitido dilucidar el papel de esta hormona en el establecimiento de las relaciones sociales.

Si el filósofo Baruch Spinoza decía que el hombre es un «animal social», la ciencia actual está en condiciones de explicar las razones biológicas que apoyan esta afirmación, y la oxitocina tiene un papel esencial: justifica por qué se establecen estos lazos afectivos entre seres humanos (y también permite sugerir qué sucede en las neuronas de quienes tienen patologías sociales).

El ser humano se ve obligado a hacer frente a una paradoja que resulta fundamental para que la especie sobreviva: le atraen y es cortejado por individuos genéticamente no relacionados; crece entre ellos. La tendencia natural, según la lógica de la biología, sería evitar estos contactos, excepto para procrear.

«La oxitocina y sus circuitos son la estrategia psicológica para permitir superar la fobia al individuo desconocido, para emparejarse y crear lazos de unión –a veces muy potentes y duraderos– con un extraño y poder tener descendencia.»

D. Marazziti

Es necesario recordar algo que apuntamos anteriormente: el cachorro humano necesita la protección de los progenitores durante mucho más tiempo que otras especies de mamíferos. La biología ha puesto los mecanismos para que eso fuera posible.

La influencia del otro

En su inteligente *Los secretos de la comunicación*, el lingüista Sebastià Serrano analiza el complejo entramado de las relaciones entre las personas y propone una *dieta* a base de conversación y contacto, como el fundamento para tratar de dar sentido a la sociedad del siglo xxi, una sociedad donde las reglas son dictadas por la prisa, el exceso de información y las relaciones superficiales. En la sala de máquinas, los aparatos de tramoya que hay por detrás de estas propuestas –los protagonistas– son algunas pequeñas moléculas que activan y desactivan las neuronas encargadas de elaborar respuestas complejas. Son las responsables de hacernos sentir bien o mal.

Por ejemplo, en una pareja consolidada, el apego predice una buena concentración de oxitocina. Pero lo que nos interesa aquí es que eso va más allá de una simple medición de laboratorio; lo importante es la traducción que tiene: en una situación que genera estrés, la oxitocina reduce la ansiedad y la sensación de estrés, de modo que, cuando hay apoyo por parte del cónyuge (lo que hace segregar oxitocina), el componente de la pareja sometido a estrés siente menos ese estrés (su organismo responde segregando menos cortisol). Y, al contrario, si uno de los cónyuges está sometido a una situación de estrés (le aumenta el cortisol), la presencia activa del cónyuge hace que su organismo responda segregando oxitocina, que ejercerá el consabido efecto ansiolítico y contrarrestará los efectos nocivos del cortisol.

En definitiva, el gran hallazgo de los últimos tiempos es que la oxitocina segregada por la proximidad física, el contacto físico, la conducta pro-social, la ingestión de alimentos (o la fase previa a ingerirlos, como verlos, olerlos o saborearlos) promueve un estado de resistencia al estrés y mayor tranquilidad. Esto lo interpretamos como bienestar.

Hay dos grupos de investigadores que son los principales responsables de estos nuevos conocimientos. Se trata del equipo de Kerstin Uvnäs-Moberg de la universidad sueca de Uppsala y el instituto Kalolinska de Estocolmo, autor de numerosas publicaciones sobre las funciones de la oxitocina desde el año 1998, y del equipo de Stephen Porges y Sue Carter, de la universidad norteamericana de Illinois.

En esencia, sus investigaciones se iniciaron al constatar que, además del parto y la estimulación del pezón durante el amamantamiento, hay otras actividades que favorecen la secreción de oxitocina como, por ejemplo:

- masaje
- clímax sexual
- inmersión en agua tibia
- electroacupuntura
- caricias
- alimentación
- vibración
- acicalarse

Las interacciones sociales conllevan estados emocionales positivos que conducen a las adaptaciones fisiológicas necesarias para relajarse, digerir, llevar a cabo el metabolismo anabólico, crecer o curarse. Y según han confirmado varios estudios, el elemento químico común de todas estas funciones es la oxitocina.

Estímulos sensoriales agradables como el tacto, determinados olores o colores están implicados en la secreción de esta hormona, de modo que la oxitocina parece mediar las consecuencias de las interacciones sociales positivas: reduce la actividad simpática (la que prepara para luchar o huir en la respuesta a una situación de estrés) y aumenta la parasimpática (que tiene efectos opuestos). Esto explica el efecto ansiolítico o *anti-estrés* al que nos referíamos anteriormente.

Un detalle importante: los efectos de la oxitocina son más pronunciados tras la exposición repetida que tras la exposición puntual. O sea, de algún modo, la persona se beneficia de las relaciones positivas prolongadas.

Y otro: la liberación de oxitocina parece una respuesta que se puede condicionar, de manera que la representación mental de situaciones positivas (su recuerdo), favorece la secreción de oxitocina, sin tener que experimentar necesariamente el estímulo positivo de nuevo.

Ambos detalles contribuyen a sustentar el concepto de *placebos de la vida*.

La oxitocina es la hormona de los lazos sociales y del apego. Podríamos decir que es la hormona que nos beneficia a partir de las relaciones sociales satisfactorias –de sentirse parte del grupo–, aquellas que dan importancia a lo que el escritor Josep Pla nombró en alguna ocasión: «el círculo de amigos, de conocidos y de saludados».

Este papel en las relaciones sociales todavía es un campo en estudio, sin embargo todo apunta a que la oxitocina podría ser la protagonista en el reconocimiento de los micromensajes durante la comunicación humana. El fundamento es un experimento que se llevó a cabo con ratas de laboratorio:

> Las ratas reconocen el olor de otra rata que ha sufrido estrés. Así, si tenemos un grupo de ratas en una jaula e introducimos una nueva rata *estresada*, las ratas que están en la jaula responden aumentando su nivel de estrés.
>
> Por el contrario, si inyectamos una dosis de oxitocina a una rata, esta hormona le produce

sedación. Al colocar a la rata en la jaula, los animales que están en esa jaula perciben la tranquilidad del nuevo inquilino y ellas mismas reaccionan de un modo más tranquilo, sin haber recibido oxitocina.

Otro experimento que apoya el papel en la transmisión de la información social entre ratas, se llevó a cabo observando las preferencias al escoger un té con un aroma determinado. Una rata tiene más probabilidad de escoger el té que acaba de tomar una compañera de jaula, siempre que sus niveles de oxitocina sean normales. Cuando se bloquea la liberación de esta hormona, desaparece este efecto de mimetismo social.

Estas investigaciones han permitido ir más allá para comprobar distintas hipótesis sobre aspectos de la conducta humana en los que participa la oxitocina.

Por ejemplo, la oxitocina atenúa la evitación pasiva, de modo que la relación satisfactoria entre los miembros de una pareja estimula la secreción de oxitocina, lo que disminuye el tiempo de latencia para que se produzcan encuentros posteriores. La oxitocina reduce el miedo y, al involucrar el sistema de recompensa, refuerza el apego; en otras palabras, crea esa especie de *adicción* propia del enamoramiento o de las relaciones sociales altamente satisfactorias.

Durante esta etapa, los participantes se sienten seguros, y esto contribuye a la liberación de oxitocina, lo que contrarresta el sistema de inmovilización (que, originalmente, tenía la función de adaptarse al miedo y evitar peligros potenciales). En este estado de movilidad, se favorece la reproducción y se perciben las experiencias sensoriales agradables originadas en varias partes del cuerpo, comenzando por la piel. Desde el punto de vista psicológico, estas sensaciones tienen un efecto de refuerzo positivo y, además, se asocian al *partenaire*: le apetece estar con su pareja.

Es importante señalar que algunas de estas sensaciones viscerales podrían interpretarse como algo doloroso en otro contexto; sin embargo, ahora se interpretan como experiencias de placer, de éxtasis. Es decir, el estado de refuerzo social positivo puede modular el dolor. Más adelante describiremos algunos estudios en los que se demuestra que la presencia activa del cónyuge, en una situación de dolor físico por enfermedad, reduce la percepción dolorosa.

Por el momento, seguiremos el camino del otro efecto, el que nos permitirá cerrar este incompleto catálogo de roles de nuestra piedra filosofal: la oxitocina permite aumentar la confianza mutua entre los integrantes de un grupo social, que empieza por la pareja y se extiende a círculos más amplios.

Las consecuencias económicas de la confianza mutua

El hecho de no ver a quienes nos rodean como enemigos potenciales permite establecer una serie de relaciones basadas en la confianza que, como sociedad, tienen un resultado satisfactorio para la mayoría de los integrantes. Para ello, se necesitan unos cuantos requisitos; el primero de los cuales es la capacidad para identificar correctamente el estado mental del otro, cómo se siente. Sería lo que se llama *empatía.*

Recientemente se ha demostrado que la oxitocina aumenta la capacidad para *leer la mente* (*mind-reading* en la literatura científica anglosajona). Se llevó a cabo un estudio sencillo, que han repetido varios autores. Se pide a 30 hombres voluntarios que identifiquen el estado mental en un buen número de fotografías que muestran rostros con distintos tipos de expresión (sonriente, enojada, neutra). Cuando se administra un aerosol nasal de oxitocina a un grupo de estos voluntarios, se observa que éstos son más capaces de identificar correctamente el estado mental de otras personas mediante el contacto visual, en comparación con los participantes a quienes no se les da oxitocina.

En la misma línea, pero tratando de ir un poco más allá, se invitó a un grupo de voluntarios a participar en un juego de apuestas con implicaciones económicas, que requería la confianza del participante. De nuevo, los voluntarios que recibieron oxitocina en forma de aerosol nasal se mostraron más confiados y arriesgaron más que los voluntarios a quienes no se administró oxitocina.

Buscando información sobre la confianza y la oxitocina, me llegó a las manos un artículo de Paul J. Zak, del Center for Neuroconomic Studies en Claremon (Estados Unidos). La tesis de este autor es que el apego social es vital para la salud y el bienestar, y que la confianza interpersonal en una sociedad constituye uno de los factores predictivos más importantes del grado de pobreza del país. Teniendo en cuenta el papel de la oxitocina en la confianza mutua, Zak abría así la puerta a los estudios de neuroeconomía.

A modo de postal para el recuerdo de este capítulo...

La oxitocina es una sustancia a la que, a medida que se va conociendo, se le descubren más funciones. Aparte del estrictamente reproductor, tiene efectos ansiolíticos, antidepresivos y *antiestrés*; es una sustancia esencial para el establecimiento de relaciones sociales satisfactorias y se produce en grandes cantidades, no sólo durante las relaciones sexuales, sino también en presencia del cónyuge o de personas cercanas, a partir del contacto físico o de masajes suaves, y tras numerosos estímulos olfativos, visuales o auditivos.

Naturalmente, la oxitocina no está sola en la marea de neurotransmisores y hormonas que, desde el cerebro, permiten el funcionamiento del organismo y su relación con el entorno.

La secreción de oxitocina está relacionada con la secreción de dopamina (activa el sistema de recompensa y placer) y la serotonina (su falta se asocia a depresión). Pero, sobre todo, la secreción de oxitocina se asocia con la secreción de vasopresina.

La vasopresina es una hormona con efectos principalmente antidiuréticos y una estructura química muy parecida a la oxitocina. Sólo diremos que actúa sobre la formación de los recuerdos y que está muy relacionada con la agresividad. En concreto, tras las relaciones sexuales, los machos experimentan un aumento de la vasopresina, lo que favorece la agresividad hacia los otros machos del grupo. En este sentido, tendría un efecto contrario al de la oxitocina, que sería la hormona que tiende a fomentar las relaciones sosegadas en el grupo.

Abríamos este capítulo con un pasaje de la *Odisea* de Homero, en el que Circe le dice a Ulises que no le indicará cuál de los dos caminos debe tomar para seguir su viaje –pues la decisión tiene que ser suya–, sino que le describirá cómo son ambos caminos. Ésta es también la filosofía de *Pequeñas grandes cosas* en general, y de estos capítulos en particular: acercar el conocimiento científico al lector, transmitir información fiable basada en pruebas, para que cada uno tome sus decisiones con conocimiento de causa.

Capítulo 5

La diferencia está en el interior

When you are smiling
the whole world
que también vela por su amargura
smiles whith you...

Mario Benedetti. *Poemas*

Nos acercamos a nuestro destino, el bazar del placer, el gran mercado del bienestar y los placebos. Ya encontramos la piedra filosofal que permite el intercambio, la oxitocina; sin embargo, nos falta algo tan importante o más que haber hallado esta hormona: saber cómo hay que utilizarla. Así, pues, podemos aprovechar el remanso de paz y frescor del oasis, primero para descansar de tanta química y tanta neurología y, también, para dedicarnos a una de las mejores cosas que tiene viajar: conocer las historias que nos cuentan las personas con que nos vamos encontrando.

Electricidad estática, magnetismo y otras fuerzas invisibles

Si doy marcha atrás en la memoria, una de las imágenes que me aparece sistemáticamente son las calles adoquinadas de Barcelona a finales de la década de 1960 en los aledaños del Born –donde estaba el mercado de abastos de la ciudad–, los tranvías subiendo y bajando por el paseo de Sant Joan, y los Seat 600 y los Dauphine con una correa de goma que les colgaba del parachoques posterior hasta el suelo, junto al tubo de escape.

Según me explicó mi tío Carles, este accesorio tenía la función de eliminar la electricidad estática del automóvil y, de este modo, evitaba que los pasajeros se marearan. «*Ensarronades!*», decía mi tío como coletilla: ¡Supercherías!

No he encontrado ningún estudio científico que avale los efectos reales de estas correas. Ningún ensayo clínico que, para poner un ejemplo, pidiera a 50 automovilistas y a sus hijos que subieran un puerto de montaña de primera categoría con sus correspondientes curvas cerradas, y contabilizara cuántos habían tenido que detenerse más veces, si los 25 que llevaban la correa *antimareo* o los 25 que no la llevaban.

Sin embargo, con lo que sabemos ahora del efecto placebo, no es muy peregrino pensar que si quienes llevaban la correa hacían suficiente publicidad de este accesorio y sus propiedades, probablemente tendrían menos pasajeros mareados. El efecto placebo juega un papel importante en el mareo, y también en otros aspectos de la vida. Aunque no me lo explicó con estas palabras, mi tío con sus «*ensarronades!*», vino a decir esto que les he relatado.

Hoy en día se comercializan unos artilugios que ejercen presión sobre algún punto de acupuntura con la finalidad de evitar las náuseas. Y muchas personas se ponen brazaletes magnéticos para reducir el dolor por artrosis de rodilla o de cadera.

Se invitó a 77 personas a participar en un estudio sobre el efecto de dos marcas distintas de brazaletes que actúan contra el mareo mediante estimulación del punto de acupuntura P6/Neiguan. Resumiendo, se dividió a los voluntarios en tres grupos:

- Brazalete comercial, participantes *legos*: Se les explicó que servía para evitar el mareo.
- Brazalete comercial, participantes *entrenados*: Se les dio el prospecto y se les enseñó a colocarse el brazalete exactamente sobre el punto de acupuntura.
- Brazalete *placebo*: Se les dio un brazalete de material neutro y se les explicó que servía para evitar el mareo.

A todos los participantes se les sometió a una prueba de rotación durante 20 minutos; a continuación se midió el grado de mareo percibido, así como las náuseas y síntomas gástricos.

No hubo ninguna diferencia entre los grupos: la proporción de voluntarios mareados fue similar. El efecto logrado por los brazaletes fue, por tanto, el mismo que el placebo (o el placebo lograba lo mismo que los brazaletes, según como se mire).

Take the A Train

Mi relación con la palabra *placebo* es larga y ha evolucionado con el tiempo. Ha sido esta relación prolongada la que me ha llevado hasta la elaboración de este libro, a partir de una progresiva ampliación de las fronteras de su significado.

La escuché por primera vez en 1981, cuando me la nombraron sin profundizar mucho en alguna asignatura del segundo curso de medicina. Un año más tarde, fui plenamente consciente de su significado médico al estudiar farmacología; entonces me enseñaron el valor de los estudios que incluyen un grupo de pacientes de control, que son tratados con placebo para determinar si la eficacia de un medicamento nuevo se debe precisamente a la molécula y no al hecho de tomar un remedio (como hemos explicado en el capítulo 2).

En 1994, Joan-Ramon Laporte me propuso colaborar con él en la redacción de un artículo de revisión sobre el efecto placebo que se publicaría en la revista *The Lancet*, como parte de una serie de trabajos sobre este tema elaborados por distintos especialistas. El nuestro, abordaba el efecto placebo en la práctica de la psiquiatría y en los ensayos clínicos con los llamados *psicofármacos*: los medicamentos utilizados en el tratamiento de cuadros clínicos como la ansiedad, la depresión y la esquizofrenia.

La pista inicial sobre la existencia del efecto placebo que podían tener el entorno, las personas que nos rodean y las cosas con las que interactuamos, la encontré de manera intuitiva entre el episodio de las correas magnéticas de los coches y mi relación farmacológica con los tratamientos placebo.

Fue en el piso de mi abuela en el paseo de Sant Joan. Allí tenía una habitación amplia con un buen equipo de música, la que sería mi primera biblioteca y unas cuantas docenas de discos, sobre todo de jazz y de música de películas. Solía pasar los fines de semana y mis vacaciones allí, de modo que tenía una serie de rutinas más o menos establecidas. Aquellas cosas que hacemos sin pensar mucho, de una manera casi automática.

Los viernes por la tarde, cuando llegaba, lo primero que hacía era poner un disco de la orquesta de Duke Ellington que comenzaba con la pieza *Take the A Train*, un animado homenaje a la línea A del metro de Nueva York, la que sube de Manhattan hasta Harlem, donde estaban los principales clubes de jazz de la época. Seguían otras como *Mood Indigo* o *Satin Doll*. Pero el disco comenzaba con *Take the A Train*, y eso es importante para lo que les quiero explicar.

Un viernes llegué de bastante mal humor porque había sido uno de aquellos días del final de la adolescencia en los que sientes que nada te ha salido bien, que el mundo está en tu contra y que la vida es un drama. No recuerdo las causas. Pero sí recuerdo con gran nitidez cómo me senté en el sofá abatido, enojado y harto de muchas cosas, tras dejar mis cuadernos sobre el escritorio y, como siempre, conectar el tocadiscos y colocar el consabido *long-play* de Duke Ellington.

Con los primeros compases de una música que me sabía de memoria, percibí literalmente cómo mi mal humor desaparecía de un soplo, igual como se va la niebla de la mañana. Parecía que se me hubiera abierto el oscuro y pesado telón de terciopelo rojo que me cubría el pensamiento y, en su lugar, apareciera la pantalla en blanco donde se iba a proyectar una comedia.

Lo interesante de esta anécdota –que seguramente habrán vivido en primera persona alguna vez– es que fui consciente de que cierto tipo de música tenía la propiedad de cambiarme el estado de ánimo en pocos segundos. Y lo comprobé en más ocasiones posteriormente.

Se trataba de una música que yo asociaba al fin de semana, a un estado de relajación mental, a un espacio de libertad, a un tiempo para mí mismo y fuera del tiempo del mundo. Ése es el truco.

La orquesta de Duke Ellington hizo bailar a muchas parejas en el Carnegie Hall y en otros teatros; sin embargo, no creo que su pieza *Take the A Train* tenga ningún efecto esotérico ni terapéutico particular. La *magia* de esa composición es la misma que puede tener una pieza para órgano de Bach, una sonata de Beethoven, Astrud Gilberto cantando *Desafinado* acompañada por Stan Getz al saxo, *Babaji* de Supertramp o *Hips don't lie* de Shakira.

Lo bueno es que no se trata de un patrón de notas ni de un ritmo particulares. Lo bueno es que sirve cualquier música. O, dicho de otro modo más preciso, cada persona tiene su propia música, la que ejerce sobre ella este efecto relajante.

Para mí, *Take the A Train* –¡y tantas otras músicas!– son un *placebo*. Uno de esos placebos de la vida que me hacen sentir bien cuando las escucho.

Poco a poco fui dándome cuenta de que esta propiedad no es exclusiva de la música. Placebos de la vida –*pequeñas grandes cosas*–, hay muchos. Sólo falta descubrirlos, y en el capítulo 7 hablaremos de ellos, a medida que los vayamos encontrando en el bazar que les anuncié.

> Se diseñó un estudio para ver los efectos de la música sobre la ansiedad.
>
> Para ello, se reclutaron 98 pacientes con *piedras* en el riñón que tenían que someterse a una pequeña intervención para reducirles el tamaño de sus cálculos.
>
> A 50 se les administró el sedante habitual cinco minutos antes de la intervención.
>
> A los 48 restantes se les pidió que trajeran de su casa música que les gustara y se les permitió que la escucharan con unos auriculares durante el procedimiento.
>
> El grupo de pacientes que escucharon *su* música presentó un menor aumento de la tensión arterial y su nivel de ansiedad durante la intervención fue significativamente menor que en el grupo que no escuchó música, pero que recibió un medicamento sedante.
>
> El confort y un menor nivel de ansiedad en aquellas intervenciones que requieren que el paciente esté consciente, contribuyen indirectamente a que, aparte de sentirse mejor, tenga menos dolor.

Noche de santería en La Habana

Los rituales, la conversación y el contacto son las herramientas de las que se sirven los chamanes, sacerdotes, adivinos o curanderos. En definitiva, es una manera de hacer despertar esa activación de circuitos neuronales y de secreción de neurotransmisores y neurohormonas involucradas en la curación mediante el efecto placebo.

En septiembre de 1998 estaba en La Habana con unos compañeros de trabajo. Toni me invitó a ir a la casa de Noema en Marianao para asistir a la ceremonia semanal de santería que celebraban en el comedor.

Su cuñado Omar nos esperaba delante de la famosa heladería Coppelia de la Rampa con su Fiat 400 azul celeste de los años cincuenta al que, a cada tanto, le petardeaba el carburador. Él fue quien nos condujo hasta un lugar alejado de los barrios elegantes por los que circulan los turistas, allá donde La Habana de noche se convierte en un magma oscuro en el que uno se guía por la luz escasa que sale de los ventanucos y las puertas abiertas de las casas.

Nos recibió Victoria, que salió de la cocina con una bandeja y cinco cafés. Era la madre de Noema, una mujer de piel negra y con facciones africanas marcadas, que iba completamente vestida de blanco, incluso los calcetines, los zuecos y el pañuelo con el que se cubría la cabeza. Contrastaba con Noema, una muchacha de facciones bellas, sonrisa marcadísima y fácil, con la piel de un negro intenso y mate –como ébano acabado de tallar– y un perfume dulzón y penetrante que perduraba en la pituitaria y obnubilaba ligeramente la razón. Se percibía que aquella noche Noema se había arreglado para recibir a sus invitados: llevaba un vestido de terciopelo granate, ajustado y corto, y un chaleco negro adornado con un discreto ribete dorado que potenciaba la sensación de elegancia. Finalmente apareció la hermana menor de Noema, también vestida de blanco, como su madre.

«Podemos empezar cuando queráis» nos anunció Victoria con su voz gruesa. «Será en el piso de arriba.»

La ceremonia se iba a celebrar en el espacio que hacía las funciones de recibidor, salón de estar y comedor. Habían dispuesto frente a frente dos hileras de sillas probablemente prestadas de varias casas vecinas; estaban arrinconadas junto a las paredes laterales del salón, de modo que dejaban un pasillo central libre. Cuando llegamos, una docena de personas que ya estaban sentadas, nos recibieron con sonrisas y jolgorio. Seguimos sus indicaciones y también nos sentamos. Había que esperar: todavía llegaron unos cuantos asistentes más, entre los que había unas mellizas del barrio que aquel día cumplían trece años.

La mayoría de los asistentes eran mujeres. En realidad, todas lo eran exceptuando un abuelo de aspecto quijotesco, un muchacho joven sentado en el fondo, Omar y nosotros.

La ceremonia comenzó cuando apareció una mujer mayor de pelo blanco y corto, que llevaba recogido con una goma elástica. Se llamaba Livudina y enseguida me di cuenta de que era como la matriarca del grupo, la persona que conduciría la ceremonia.

Livudina pidió silencio y cesaron las risas y la cháchara.

La mesa camilla del comedor estaba arrinconada en el fondo de la sala. La habían cubierto con un mantel blanco y, sobre él, como si fuera un altar, había un gran jarrón con flores, seis vasos de cristal transparente llenos de agua y puestos en dos hileras de a tres flanqueando una copa, también de cristal, también con agua y, además, una cruz de plata sumergida en su interior. Junto a la pared, dos botellas de ron, una caja de habanos, un sombrero de paja y tres medios cocos.

Unos meses después leía *Écue-Yamba-O* y las descripciones precisas y vívidas de Carpentier me recordaron la ceremonia de aquella noche en Marianao:

«A la altura de sus ojos, una mesa cubierta de encajes toscos sostenía un verdadero cónclave de divinidades y atributos. Las imágenes cristianas, para comenzar, gozaban libremente de los esplendores de una vida secreta, ignorada por los no iniciados. En el centro, sobre la piel de un chato tambor ritual, se alzaba Oblatá, el crucificado, preso en una red de collares entretejidos. A sus pies, Yemayá, diminuta Virgen de Regla, estaba encarcelada en una botella de cristal».[1]

Sin embargo, aquella noche en La Habana, era perfectamente consciente de que aquello ni era literatura, ni eran alucinaciones provocadas por los mojitos. Sigo con las notas que tomé aquella misma noche de regreso al hotel:

«La matriarca vuelve a pedir silencio, coge un pañuelo azul celeste ribeteado de azul marino y se lo extiende sobre el regazo, a modo de servilleta grande. Alguien apaga la luz de la sala –aunque no la de la cocina ni la que ilumina el porche por donde hemos entrado, de modo que no hay luz directa, pero nos vemos perfectamente–. En aquel mo-

1. Alejo Carpentier, *Écue-Yamba-O*, Alianza, Madrid, 2002.

mento todo el mundo se santigua y Livudina empieza a rezar un padrenuestro y una salve. Es la ejemplificación de la mezcla de cultos, los elementos esotéricos no católicos conviviendo con un reloj de pared que ostenta un sagrado corazón dibujado en la esfera por donde se desplazan las manecillas.

»Tras la oración conjunta y participada, unas palabras de inicio de la ceremonia y un segundo padrenuestro, cada uno de los asistentes vamos acercándonos a la mesa, donde nos mojamos las manos con unas gotas de perfume de flores, luego las metemos en una palangana de agua con pétalos blancos y fragantes que está en el suelo, al pie de la mesa, y nos mojamos la nuca y los brazos. Después tenemos que sacudir los dedos sobre los seis vasos y la copa, pero las maniobras intermedias, desde el momento en que se mojan las manos en la palangana, hasta que se sacuden, varían según la voluntad o la inspiración de cada asistente: hay quien se pasa las manos sobre la cabeza en semicírculo y sacude los dedos con fuerza; hay quien, además, se pasa las manos sobre el pecho o la espalda, antes de sacudirlas. Tengo la impresión de que el objetivo del ritual es alejar los malos espíritus. Posteriormente, Noema nos lo confirma.

»Las dos horas posteriores tienen dos partes bien diferenciadas que empiezan después de que cada asistente haya cogido un habano de la caja que corre de mano en mano, y después de habernos pasado los medios cocos llenos de ron, pero no para beberlo como si estuviéramos en una especie de comunión católica, sino para sorber un poco y escupirlo con fuerza al suelo con los labios fruncidos para conseguir una mayor aspersión del alcohol sobre las baldosas que hay entre las dos hileras de sillas.

»Durante la primera parte predominan los cantos de frases repetitivas acompañadas, o bien del ritmo de los pies taconeando el suelo, o bien de los golpes secos, lentos y solemnes de un bastón envuelto con trapos verdes y rojos (el *págugu*) que alguna mujer percute sobre las baldosas para ayudar a invocar a los espíritus. A menudo, estos cantos son una respuesta breve a la alocución que hace la matriarca. Me recuerda mucho alguna de las grabaciones de los auténticos *negro spirituals* que se cantaban a comienzos del siglo XX en el sur de Estados Unidos en los cultos protestantes o presbiterianos.

»Distintas creencias, pero unas mismas raíces, las africanas; y una misma voluntad, la de tratar de evitar el gran interrogante que es la inseguridad frente a la nada, frente a la soledad eterna o el vacío.

»De repente, Victoria empieza a convulsionarse en su silla. Al principio es un movimiento casi imperceptible, pero poco a poco aumenta de intensidad, como si sintiera calambres eléctricos. Según nos explica una de las mujeres sentadas frente a nosotros, eso significa que los espíritus ya están rondando por la sala y han entrado en contacto con Victoria un par de veces: la mujer se levanta y se desplaza entre las sillas poseída (en el sentido pleno de la palabra, no como metáfora), con los músculos totalmente contraídos, los ojos cerrados y un rictus facial –a veces, como de dolor; a veces como si estuviera realizando un esfuerzo notable–; transfigurada. En ese momento, el espíritu habla con más o menos claridad por la boca de Victoria.

»El objetivo de la sesión es *iniciar* a la hermana pequeña de Noema, una muchacha de salud frágil, según nos explican más tarde. Pero a ella, a pesar de que ha manifestado algunos calambres débiles durante la sesión, ningún espíritu consigue poseerla (ninguno "ha logrado desarrollarse", en palabras de Victoria). "Al principio da miedo, que el espíritu de un muerto se apropie de ti", nos explica Victoria al terminar. "Por esto ahora hacemos reuniones más a menudo, para ayudarla."

»A cada rato, entre las aspersiones de ron y los cantos, la matriarca o el muchacho que se sienta a su lado pasan entre el corro de asistentes con unas ramas de arbusto en la mano y van zarandeándolas al aire y sobre nuestras cabezas, como si estuvieran barriendo el éter y el ruido de las hojas ayudara a dirigir al espíritu hacia las mujeres vestidas de blanco.

»De repente, el acto toma un dramatismo notable. Las convulsiones de Victoria aumentan de intensidad, alguien le pone un sombrero de paja en la cabeza y la posee un espíritu de voz gruesa, de hombre. Con los músculos en contracción máxima, sudando, con una risa socarrona y desagradable que le deforma la cara, y con las manos en la espalda, Victoria va caminando por el corro de asistentes y conversa con algunos de ellos. Los interpela en tono agresivo. De vez en cuando, abre los ojos, forzando los párpados y fija la mirada –aterradora, con el blanco inmenso de la conjuntiva inyectado de sangre– sobre alguien; tiene las facciones endurecidas, muerde su habano y masca las hojas del tabaco. Llama poderosamente la atención que su voz de hombre mantenga diálogos con un hilo argumental perfecto, sabiendo qué pregunta, a quién lo pregunta e, incluso, conociendo de antemano la respuesta. "Tú tienes dos hijas, y la mayor tiene dolor de cabeza" dictamina una Victoria transformada, amenazadora y casi abracadabrante.

»"A veces", responde el interpelado, a la expectativa, tenso; con una tensión que compartimos los tres que podemos considerarnos espectadores, no de primera fila, sino sobre el mismo escenario.

»Aunque el pensamiento científico me permite analizar los movimientos y las palabras con cierto distanciamiento, buscando razones psicológicas y fundamentos fisiológicos, una cosa es la teoría y otra, la práctica: es un momento de un dramatismo notable; las manecillas del reloj han perdido velocidad y todo parece teñido de onirismo, como en una de aquellas carreras agotadoras de las pesadillas.

»"Pues vigila y llévala al filósofo", continúa Victoria, misteriosa, con voz de hombre y actitud de terrateniente de Louisiana propietario de plantaciones de algodón y de un ejército de esclavos.

»La mujer que se sienta justo delante de nosotros, al lado de la puerta de entrada a la casa, aclara: "Significa que tiene que llevarla al médico, que tiene que hacer caso del síntoma y llevarla al médico".

»Antes de salir de su cuerpo, el espíritu que poseía a Victoria debe notar cierta resistencia en el interpelado, y sentencia: "Dentro de tres días, la muchacha tendrá dolor de cabeza. Será una señal para que creas todo esto que estás viendo y regreses para buscar la verdad".

»Para bien o para mal, nosotros no estaremos a tiempo de comprobar nada. Dentro de tres días ya habremos dejado atrás el Caribe.

»En este momento, Victoria tiene una convulsión intensa, se libera del espíritu y cae exhausta sobre su silla, mientras se seca el sudor y escupe los trozos de hoja de tabaco que todavía no ha tragado. Habitualmente, sólo al ceder la tensión, es cuando uno se percata de que ha tenido los músculos agarrotados; noto algo así al ver que Victoria vuelve a hablar y actuar como la Victoria que he conocido hace poco más de una hora. Me imagino que la sacerdotisa, la entrañable Livudina debe de haber observado esta tensión que, sin duda, se nos refleja en el rostro, porque se apresura a tranquilizarnos: "No es nada grave, no os preocupéis. Los espíritus pueden ver muchas cosas y, a veces, avisan".

»En este momento empieza la segunda parte de la ceremonia. Puesto que la hermana de Noema no ha conseguido entrar en contacto con ningún espíritu, Livudina se deja poseer. Pero esta vez, la posesión ni es tan aparatosa, ni tan histriónica como la de Victoria, y alguna de las mujeres que tengo cerca se apresura a aclarar que ahora se trata de un "espíritu bueno". La matriarca se levanta y se pasea entre los asistentes durante tres cuartos de hora. Es una intervención prolongada, pero más tranquila. Se expresa con voz de mujer, en castellano, pero utilizando vocablos cubanos e intercalando muchas palabras con íes y erres; esta distorsión da a su habla un acento como de idioma remoto y misterioso, que probablemente merecería una grabación para regalársela al enigmista Màrius Serra para que la analizara. Dice "utié" por "usted" o "invrestrigació" por "investigación".

»Casi no se dirige a nosotros, los extranjeros; sólo nos dice algunas frases que no acabamos de comprender, a las que nos pide asentimiento ("¿Ié' virdá'?"); se lo damos sin pensarlo, claro. Sin embargo, la maestra de ceremonias se entretiene mucho más con algunas asistentes. En esencia, las interroga sobre cuestiones personales y de la vida cotidiana –que aparentemente conoce bien–; luego les da consejos adecuados a cada una: sobre la persona con quien se tienen que casar, sobre la paciencia o la reconciliación con el marido o sobre problemas específicos en el trabajo.

»En este punto, me doy cuenta de que la mitad de los asistentes a la ceremonia son de la familia, y el resto, vecinos que probablemente coinciden a menudo. Y todo ello, en un país donde las personas viven con las puertas abiertas y hacen mucha vida social. Por ahí se comprende el papel fundamental que tiene la matriarca del barrio para dar consejos en público. Algo así como los consejos que el confesor católico da en privado. Un papel similar al del sabio de la tribu en las comunidades africanas, o al chamán en las zonas andinas o amazónicas. Denominadores comunes a muchas tradiciones y cultos; matices distintos para cubrir una misma necesidad social: facilitar la adaptación del inadaptado, tranquilizar a los angustiados y reconducir las ovejas descarriadas al redil social, laboral o familiar.

»Finalmente, cuando la matriarca termina de hablar largamente con todos aquellos asistentes con quienes le interesaba conversar, se libera del espíritu, se sienta y, ya con su voz normal, lo dispone todo para finalizar la ceremonia. Rezan otro padrenuestro y encienden la luz de la sala. A continuación, reparten ron entre los asistentes (pero, esta vez, para beberlo) y vuelven las risas y las conversaciones distendidas.»

Omar y Noema nos acompañaron al Habana Libre con el viejo Fiat. Casi eran las doce y todavía teníamos que cenar, de modo que les invitamos a comer una porción de pizza en el restaurante que había junto al hotel, el único que aún servía comida. Noema nos comentó los problemas que a veces se originaban con algunos médicos del hospital donde trabajaba cuando llegaba alguna enferma con convicciones religiosas fuertes, por el choque que se origina entre sus creencias y la manera de afrontar la dolencia por parte de la medicina convencional.

Como recuerda el psicólogo Xavier Guix en su libro *Contigo, pero sin ti*, en épocas difíciles, las personas tienden a reagruparse en identidades primarias –y la religión es una de ellas, como afirma el sociólogo Manuel Castells–; en la actualidad (léase *en la sociedad industrializada*), esta tendencia ha sufrido una metamorfosis en varios ámbitos. Hoy en día y en nuestro medio, el rol de Livudina en esa ceremonia de santería lo ostentarían los profesionales que se dedican al *coaching*, por ejemplo. Por otro lado, el hecho del encuentro, de la actividad colectiva, gregaria, podría estar sustituida por las reuniones para ir a clases de cocina o de baile *country*, o bien por expediciones de pesca, salidas en bicicleta o, quién sabe, irse al bar de la esquina para ver el partido de fútbol en pantalla gigante.

En el fondo, todas estas actividades –incluida la ceremonia que acabamos de describir, y sin menospreciarla– tienen un denominador común: pueden considerarse placebos personales.

En cualquier caso, es importante no olvidar el papel que tiene el apoyo social, la meditación o algún tipo de espiritualidad sobre la salud de las personas que creen en ello. Ramón M. Nogués, catedrático de antropología biológica en la Universidad Autónoma de Barcelona, experto en neurorreligión, afirmaba en una entrevista reciente que los creyentes viven más, no por el poder de curación directo de las oraciones y rezos, sino por el hecho de creer.

Daniel Goleman, en un opúsculo titulado *El arte de la meditación*, recuerda que las técnicas de relajación se recomiendan como un elemento más que contribuye a reducir la tensión arterial en pacientes hipertensos. Regresaremos a ello cuando lleguemos al bazar. De momento, nos quedaremos con un estudio que se llevó a cabo con miembros de la tribu Yup'ik del delta del Yukón, que demuestra cómo las personas que se alejan de sus rituales y entran en la cultura occidental tienen peor salud que quienes los conservan.

> Se llevó a cabo un estudio para tratar de analizar la influencia de la pérdida de la identidad cultural en el estrés y el bienestar psicológico.
>
> Se hicieron entrevistas estructuradas a 488 miembros de seis poblados de la comunidad Yup'ik en el delta del Yukón.
>
> Quienes respondieron que vivían más alejados de la cultura propia y habiendo adoptado más patrones culturales occidentales, experimentaban más estrés, puntuaron menos en las escalas de felicidad percibida y consumían más drogas y alcohol que el grupo con patrones culturales propios.
>
> Quienes seguían las tradiciones de los Yup'ik, se sentían significativamente más felices y utilizaban más los ritos religiosos para adaptarse al estrés.
>
> Probablemente, alguno de estos resultados podría extrapolarse al fenómeno de la inmigración, pero esto queda más allá del alcance de este texto.

En resumen, el interior, el cerebro y cómo el cerebro interpreta el entorno, marcan la diferencia. Algo aparentemente simple como sonreír, puede determinar la relación que establezcamos con quienes nos rodean en un momento determinado. Veremos por qué más adelante; por ahora quedémonos con la idea de que la letra de aquella cancioncilla de los años cincuenta que abre este capítulo (debidamente apostillada por Benedetti), aunque pueda parecer bobalicona y superficial, tiene razones fisiológicas que la sustentan.

En efecto, cuando sonríes, el mundo sonríe contigo. Es decir, la actitud es un colaborador muy poderoso del substrato químico de esa piedra filosofal que es la oxitocina.

SNACK
BAR

Capítulo 6

Placebos: un regalo democrático y universal

(...) pero dos miserables cualesquiera, en la cama, pueden alcanzar los mismos placeres voluptuosos que los ricos.

RUBEM FONSECA. *Y de este mundo prostituto y vano* (...)[1]

Descubrí al escritor carioca Rubem Fonseca con la traducción al catalán de *El caso Morel* en 1995. Me llamó poderosamente la atención su estilo sobrio y la precisión con que dibuja las pasiones de los personajes. Dos años más tarde, cuando Zé Augusto me regaló *Y de este mundo prostituto y vano sólo quise un cigarro entre mi mano* en la versión portuguesa, lo leí inmediatamente. Ya en la primera lectura, anoté la frase que abre este capítulo.

Me pareció que esa docena de palabras resumía de un modo magistral una de las verdades más demoledoras de la existencia: el placer, el goce junto con otra persona –un objetivo explícito y directo en algunos, y velado por los

1. *Y de este mundo prostituto y vano sólo quise un cigarro entre mi mano* (São Paulo, 1997; México, 1999).

múltiples disfraces del subconsciente en otros– no entiende de riqueza, de posición social, de sexo ni de raza.

Efectivamente, la intensidad y las características del placer (por ejemplo, el clímax sexual o el placer derivado de estar junto con la pareja, hablando o riendo) que experimentan dos personas cuyo *hogar* es el habitáculo del cajero automático de un banco, son idénticas a las de cualquiera de las personas que aparecen en la lista oficial de *ricos* que publica anualmente la revista *Fortune*. (Incluso, me atrevería a decir que, muchas veces, el placer de los primeros puede ser superior al de los segundos, si tenemos en cuenta que la riqueza se asocia a preocupaciones, estrés, miedo a perderla, deseo de tener más o enfermedades causadas por todo lo anterior, además de –en algunos casos– emparejamientos de conveniencia y demás males; pero esto es otra historia que se escapa del objetivo del libro.)

Basta con desnudar las conductas e ir hasta el fondo, a la visión m*i*croscópica de lo que ocurre en las neuronas y cómo eso se traduce en la sensación de placer, de satisfacción, de bienestar. A escala celular, las diferencias entre las personas, simplemente desaparecen. Por fortuna, esa esencia del placer no puede comprarse ni venderse.

Naturalmente, la vida m*a*croscópica es mucho más compleja y va mucho más allá de la estimulación de unas neuronas o la secreción de unas sustancias.

La vida es como una fotografía, que en realidad está compuesta por millones de diminutos puntos monocromos: vistos en conjunto y desde la distancia apropiada, se integran en nuestra retina hasta conformar la imagen de una puesta de sol sobre el mar o de un cuerpo desnudo sobre una cama.

Cada punto –cada instante de bienestar, de dolor, de tristeza, de placer, de miedo– va sumando hasta constituir la *fotografía* de la vida de cada uno. La proporción de cada tono, así como su distribución, proporcionan el aspecto final y… ¡no lo olvide! la esencia de la imagen es el contraste. Sin contraste, el ojo se vuelve ciego. No puede percibir. Y si no, intente mirar unos minutos una superficie perfectamente blanca o una zona en negro absoluto.

Por este motivo, no existen fórmulas mágicas ni recetas de cocina que sirvan para que todos seamos felices ni para que todos seamos unas personas maravillosas: las capas de esa cebolla que constituye la personalidad de cada uno son distintas, tienen una consistencia específica y única.

Sin embargo, como ya hemos dicho en más de una ocasión, si bien las fórmulas universales no suelen tener resultado precisamente por la variabilidad individual, sí resulta útil el conocimiento científico. Comprender cuál es el mecanismo íntimo que nos proporciona esas agradables oleadas de placer o ese punzante dolor, esa tristeza que parece no tener fin, o esa maravillosa sensación de que el tiempo se detiene.

El análisis del funcionamiento del cerebro nos aporta dos principios básicos que deberíamos tener claros:

1) La sensación de placer depende de unos circuitos de neuronas y neurotransmisores; no depende de circunstancias externas como la riqueza, el grado académico, la notoriedad pública, etcétera (otra cosa es que algunas de esas circunstancias puedan favorecer o dificultar la sensación neurológica).

2) Como comentábamos en el capítulo inicial, la felicidad absoluta y como estado permanente no existe –y, si

existiera, dejaríamos de percibirla pronto por *agotamiento* neuronal y adaptación sensorial–; la felicidad consiste, en realidad, en momentos de bienestar que vamos acumulando a lo largo de la existencia.

A partir de estas dos premisas comunes a cualquier ser humano, el mosaico de puntos o píxeles que van a integrar esa imagen dinámica que es la persona, se agrupan, se organizan y confieren el tono dominante y los contrastes de la existencia.

El cuerpo humano evoluciona y envejece; el conocimiento en todos los campos aumenta, establecemos relaciones, se producen frustraciones, hay alegría. El mosaico se enriquece de claroscuros. Y, en todo este proceso, el laboratorio interior trata de buscar siempre la homeostasis (el equilibrio), del mismo modo que la superficie del agua siempre busca la línea horizontal.

Debido a esta búsqueda de equilibrio, no debe extrañar que en el capítulo 4 afirmáramos que una substancia elaborada por el organismo humano, la oxitocina, tenga un efecto antidepresivo o que contrarreste la ansiedad y los embates de una situación estresante (lo cual no significa que lo consiga siempre, naturalmente).

Además, el ser humano es gregario, lo que es fuente de innumerables satisfacciones y de impresionantes frustraciones a la vez. Llegar a superar las barreras naturales para poder establecer relaciones y crear sociedades, ha requerido una larga trayectoria evolutiva y el refinamiento de la química cerebral.

Recordemos que el ser humano se ve obligado a hacer frente a la paradoja de romper barreras y asociarse con individuos genéticamente no relacionados que, de otro modo, evitaría.

Y este gregarismo tiene ventajas para los integrantes del grupo. Por ejemplo, un estudio en mujeres premenopáusicas demostró que el apego a su pareja se relacionaba directamente con la concentración de oxitocina, de modo que en un contexto adverso en el que su cónyuge les apoyaba, esta oxitocina contribuía a que se adaptaran al *estrés del entorno* y respondieran con menor ansiedad.

Pero, si vamos un poco más allá, resulta que la oxitocina estimula la secreción de una sustancia llamada *péptido natriurético*, una molécula con importantes funciones reguladoras en el sistema cardiovascular, puesto que favorece la vasodilatación y la eliminación de sodio y líquido a través de la orina.

Así, resulta que el apoyo social se ha relacionado con una menor incidencia de hipertensión arterial. Lo contrario también es cierto: los pacientes hipertensos tienden a comunicar menos apoyo social que las personas con la presión sanguínea normal, y reaccionan más frente a las situaciones que representan un *estrés psicológico*.

En un estudio se analizó a 22 personas con hipertensión y a 26 con presión sanguínea normal.

A todos les hicieron un test que mide la capacidad de la persona para regular las emociones de una manera hedonista o para mantener el afecto positivo al enfrentarse a un afecto negativo (por ejemplo, la capacidad para buscar un entorno que mejore el humor, o para pensar en alguna cosa agradable en lugar de seguir dando vueltas al afecto negativo –rumiando, *ruminating* para los anglosajones–. Es la escala *Hedonistic Emotional Regulation* (HER).

Los resultados fueron los siguientes: en comparación con las personas con presión sanguínea normal, los pacientes hipertensos con baja puntuación en la escala HER producen más cortisol y noradrenalina cuando se enfrentan al estrés psicosocial. Ambas sustancias tienen un papel importante en el incremento de la tensión arterial: el círculo se vuelve vicioso.

Y, por otro lado, ya conocemos el efecto positivo del apoyo emocional para regular la reactividad frente a situaciones de estrés social, y el papel de la oxitocina en la producción de sustancias relacionadas que contribuyen a equilibrar el aumento de la tensión arterial. Saque sus propias conclusiones.

Este último ejemplo es el anuncio de que nos encontramos frente a las puertas del bazar del placer. Llegó el momento de abrir los sentidos al entorno y cruzar el umbral.

Pero recuerde:

- Ningún placer le durará eternamente; el placer, el bienestar, es como un caramelo que se funde lentamente en la boca (y, en exceso, resulta empalagoso).
- Algunos placeres (o placebos) son comunes –esto nos permite estrechar lazos con otras personas–, pero cada uno de nosotros tenemos nuestro catálogo personal de placebos y nos conviene conocerlo y usarlo.

Capítulo 7
El bazar del placer y el bienestar

Visto objetivamente, resulta incomprensible por qué uno se dirige a un determinado comerciante de objetos de marroquinería, si a su lado hay veinte más cuyas mercancías apenas se diferencian de las suyas. Se puede ir del uno al otro y regresar al primero. De antemano, nunca se puede saber con certeza en qué tienda uno terminará comprando. Incluso cuando uno se ha propuesto ir a ésta o aquélla, nada le impide cambiar de opinión.

ELIAS CANETTI. *Las voces de Marraquech*

El bazar es ese mercado árabe aparentemente caótico, con muchos comerciantes, infinidad de compradores, unos cuantos paseantes, bullicio, colores, aromas y apretujones. Es ese lugar donde parece que cualquier cosa pueda comprarse y donde uno está seguro de encontrar lo que está buscando, por más extraño que parezca *a priori*. Como recuerda Elias Canetti en su colección de relatos *Las voces de Marraquech*, en el bazar no hay precios en ninguna parte; el juego está en el regateo, que es una forma peculiar de comunicación entre las personas.

Escogí la imagen del bazar o el zoco como destino de este recorrido al descubrir que el placer, el bienestar o la tranquilidad se hallan en situaciones muy variadas, que cada persona los encuentra en cosas o situaciones distintas, y que la mayoría comparte algo en común: estimulan la producción de sustancias como la oxitocina. Como ya vimos, la oxitocina es responsable de que estas circunstancias nos resulten agradables y, además, su presencia tiene efectos beneficiosos más allá del bienestar, por ejemplo, sobre algunos aspectos de la salud física nuestra y de quienes nos rodean.

Y todavía me costó más resistirme a esta imagen cuando me di cuenta de que al ir haciendo mentalmente la lista de situaciones y cosas que despiertan la oxitocina, la mayoría tiene que ver con alguno de los sentidos que nos permiten percibir el entorno: la vista, el oído, el olfato, el gusto o el tacto. Ésta es una lista hecha a modo de ejemplo porque, en realidad, cada uno se siente bien con unas cosas y no le gusta hacer otras; por este motivo escogimos el título de *Pequeñas grandes cosas* para este libro, y la palabra *personales* para calificar a los placebos en el subtítulo.

Así, pues, ¡bienvenidos al bazar del placer! Nadie está obligado a comprar. No todos los productos le irán a la medida ni le quedarán bien. Mire con atención y detenimiento. Pruebe los que le apetezcan. Y tenga la certeza de que la garantía de calidad, en este caso, es el aval de estudios científicos publicados en revistas médicas (si estuviera interesado, puede hallar las referencias adicionales en la página web: *www.placebosdelavida.com*).

¿Nos tocamos?

La otra tarde me encontré con una novedad agradable en la peluquería de mi barrio. Habían sustituido las habituales sillas sobrias y funcionales de cuero negro que había frente a los lavacabezas por unos sillones semirreclinables.

La sorpresa fue que, una vez acomodado allí, la peluquera accionó unos botones para que se alzara un reposapiés y, al mismo tiempo, se pusiera en marcha un mecanismo de masaje en la zona lumbar.

Me pregunté cuál podría ser el efecto de un motor que se pasea por la espalda durante cinco minutos y sin que uno lo haya pedido (me refiero, sin la predisposición de quien acude a un salón para que le hagan un masaje). Sin embargo, a pesar de tratarse de una máquina, me di cuenta de que el artilugio, con sus presiones rítmicas sobre los músculos dorsales y lumbares me mostraba la tensión que se me había acumulado allí a lo largo del día tras una reunión larga, una clase y unos cuantos correos electrónicos imprevistos que tuve que responder con urgencia. Vaya, como muchos de ustedes.

Pero, más allá de eso, el masaje ¿tiene algún efecto sobre la salud? Recordemos que uno de los estímulos que favorece la liberación de oxitocina es, precisamente, el masaje.

Unos investigadores reclutaron a 67 mujeres voluntarias de entre 20 y 37 años que vivían en Zúrich. El único requisito era que estuvieran casadas o vivieran en pareja desde, por lo menos, 12 meses antes.

El estudio consistió en exponerlas a pruebas estandarizadas consideradas estresantes: tenían que hablar en público durante cinco minutos frente a extraños (simulando una entrevista laboral) y luego realizar unas pruebas aritméticas orales ante un tribunal de personas desconocidas.

Las mujeres se dividieron en tres grupos:

- Grupo 1: Antes de someterse al estrés, su pareja les daba un masaje estándar (masaje en cuello y hombros).
- Grupo 2: Antes de someterse al estrés, las mujeres sólo recibían apoyo social y verbal por parte de su pareja.
- Grupo 3: Estas mujeres acudían solas al laboratorio y, por tanto, no recibían ningún tipo de estímulo.

Se constató que sólo el contacto físico en forma de masaje por parte de la pareja antes de exponerse al estrés, hacía que las mujeres que lo habían recibido mostraran un menor incremento de la tensión arterial durante la prueba. Además, sus concentraciones de cortisol en saliva fueron menores que las de sus compañeras (recuerde que ésa es la sustancia que liberamos habitualmente frente al estrés, y es responsable de los efectos negativos del mismo).

Al parecer, el contacto físico como conducta de pareja aumenta la oxitocina de manera continuada, lo que contrarrestaría riesgos para la salud acumulativos (como la enfermedad cardiovascular) producidos por el estrés diario a lo largo de los años. Además, estas personas tienen menos riesgo de tener problemas interpersonales en comparación con otras parejas. Pero éste no es el único efecto del masaje. Los masajes constantes aumentan el umbral para sentir dolor porque la oxitocina interfiere de manera positiva con las neuronas del sistema de endorfinas (las mediadoras del dolor). Se ha demostrado su eficacia en mujeres embarazas que entran en un programa de masajes aplicados por enfermeras durante las últimas dos semanas antes del parto: las que siguen el programa sienten menos dolor.

Durante la interacción social, especialmente en ambientes positivos, el tacto activa la secreción de oxitocina. Y... ¿sabe que al pedir para bailar a una persona desconocida, si le roza ligeramente el brazo tiene más probabilidades de que le diga que sí? Recuerde que la oxitocina es la hormona que facilita los lazos de unión y hace bajar barreras entre desconocidos.

Este olor me recuerda...

«La mano que había tocado el frasco olía con gran delicadeza y cuando se la llevó a la nariz y olfateó, se sintió melancólico, dejó de andar y olió. Nadie sabe lo bueno que es realmente este perfume, pensó.»

Patrick Süskind. *El perfume*

Hay olores que son muy sugerentes y tienen la propiedad de despertarle recuerdos o incluso –¿por qué no?–, hacerle cambiar completamente de humor, al abstraerlo de lo que le preocupaba hasta un instante antes.

Seguro que, alguna vez, caminando por la calle, se ha girado de golpe porque acaba de oler algún perfume que le ha recordado a una persona conocida que no ve desde hace tiempo. O un olor (de la comida, de la ropa, de una flor, de un coche nuevo) le ha transportado sin aviso previo a unos cuantos años atrás –quizá décadas– hasta su infancia.

Sólo por este motivo, los olores ya entrarían dentro de lo que consideramos *placebo de la vida* en este libro. Pero, además, hay un substrato fisiológico que apoya el efecto positivo de la estimulación olfativa que, de nuevo, está mediado por la oxitocina. No debe sorprendernos, porque el olfato juega un papel esencial tanto en la alimentación como en la reproducción. El reconocimiento social olfatorio, de gran importancia en los animales, ha perdido importancia en una sociedad que trata sistemáticamente de enmascarar el olor propio con perfumes y jabones.

> Un estudio realizado con primates demostró que el llamado *olor social* ayuda a mantener los lazos de unión entre las parejas.
>
> Al parecer, el olor influye directamente sobre ciertas áreas responsables de la conducta social y algunas áreas cerebrales relacionadas con la motivación, la memoria y la toma de decisiones.
>
> Esta influencia, también se ha demostrado en la especie humana. Por ejemplo, al exponer a un grupo de mujeres a cierto componente del sudor de su pareja habitual, se observó que aumentaban sus niveles de oxitocina, lo cual no sucedía en el grupo de mujeres expuestas a este componente de otra persona que no fuera su pareja.

Hace unos meses, unos anuncios en la prensa e internet hablaban de un nuevo perfume llamado Smiley® lanzado por una industria francesa. La caja dice: «Perfume psicotónico con micronutrientes activadores del buen humor».

No encontré ningún estudio que avalara estas propiedades; sin embargo, más allá de la anécdota, no es descabellado pensar que las industrias puedan llegar a usar el olfato con fines comerciales, igual como hacen con la música o las imágenes.

> El equipo de Jukka M. Leppänen (Human Information Processing Lab, Finlandia) demostró que la felicidad se reconoce más de prisa que la tristeza, especialmente si la persona que debe reconocerla se encuentra en un ambiente con un olor agradable.
>
> Se invitó a un grupo de voluntarios a reconocer rostros sonrientes entre un montón de fotografías de rostros con expresión claramente triste o neutra. Se midió el tiempo promedio en dos situaciones distintas: en un lugar con un olor agradable y en otro lugar con un olor desagradable.
>
> Cuando el contexto es agradable, el reconocimiento es significativamente más rápido. Esto prueba que los olores pueden modular el funcionamiento de las estructuras cerebrales relacionadas con la emoción que participan en la percepción de las expresiones faciales, y en la generación del conocimiento conceptual asociado con la emoción señalada.

Y un largo etcétera, con algunas conclusiones relevantes para la práctica en relación con el efecto del olor sobre las emociones o sobre variables fisiológicas. Por ejemplo, la inhalación de una fragancia dulce reduce la percepción del dolor en la especie humana.

Bikinis de rayas y maletas de piel: el poder del oído[1]

La fisiología ha demostrado que ciertos estímulos auditivos aumentan las concentraciones de oxitocina. Vayamos un poco más allá para tratar de conocer de qué manera la música puede intervenir en nuestro bienestar.

No cabe duda de que la música va conformando la banda sonora de la vida de cada uno y, como sucede con la banda sonora de una película, a veces estamos tan enfrascados en seguir la trama, nos emocionamos tanto con los actores, que no la percibimos –excepto cuando se produce un silencio, o cuando aumenta el volumen–. Quizás una buena banda sonora de una película sea aquella que simplemente está, que acompaña los efectos visuales y la tensión narrativa sin hacerse notar demasiado. La música está presente en la vida (y cada vez más, a medida que proliferan los reproductores de música digital de gran capacidad, que almacenan millares de canciones en mínimos aparatos electrónicos).

Parte de esta banda sonora es el fenómeno de la llamada *canción del verano*. Cada año, una tonadilla nos bombardea los tímpanos por dondequiera que vayamos. Se escucha en la radio, en la televisión, en los bares musicales, en las terrazas donde nos detenemos a tomar un helado o en los

1. El título se refiere a la letra de la conocida canción del verano *Eva María* del grupo Fórmula V.

altavoces de la playa y, recientemente, en los tonos de los teléfonos móviles. Probablemente, a finales del verano, cada vez que suena esa pieza de música machacona y letra no excesivamente profunda, piensa: «¡Qué horror! ¡Otra vez, no, por favor!».

Sin embargo, ¿intentó recuperar de nuevo la canción de alguno de los veranos que recuerde de una manera especial y ver qué efecto le produce esa música?

Pruébelo. ¿Cuál fue su verano? ¿*Juanita Banana*? ¿*Pero anoche en la playa*? ¿Aquel en el que los Fórmula V cantaban las aventuras de una muchacha llamada Eva María que se fue a la playa ataviada con un bikini de rayas y llevando una maleta de piel? ¿Quizás alguna empalagosa canción de Georgie Dann? Sea cual sea, seguro que si la vuelve a escuchar, le despertará algún recuerdo lejano, igual como sucedía con los olores. Un recuerdo que le relajará o logrará abstraerle.

Ahora bien, parece que la música tiene efectos más poderosos. La musicoterapia está cada vez más consolidada y numerosos estudios avalan su eficacia. Escuchar música de manera integrada con el tratamiento de una enfermedad, tiene efectos positivos, reduce la ansiedad y el dolor, e incrementa el bienestar. Esto se ha demostrado tanto en enfermos sometidos a intervenciones menores (como el ejemplo ya citado de los pacientes con cálculos renales), como en personas que se deben someter a trasplantes de médula ósea, o pacientes que siguen tratamiento por cáncer.

Al hablar de música, hay que tener en cuenta un factor adicional: las diferencias culturales. Por ejemplo, la cultura china da mucha importancia a la danza y al equilibrio. Algunos autores han observado que si se integran elementos de la cultura oriental (como la danza o el *tai-chi*) a la terapia occidental, para pacientes chinos con cáncer que viven fuera de su país, el bienestar es mayor. Otro ejemplo: un estudio realizado con niños y adolescentes occidentales que padecían cáncer llegó a la conclusión de que la danza contribuía a integrar los factores relacionados con la adaptación a la enfermedad.

Hay un aspecto adicional en relación con la música. Es posible escuchar música, pero también se puede participar activamente y tocar música o cantar. Para anotar en la lista de placebos: la oxitocina aumenta cuando una persona participa activamente en un coro, por ejemplo, tanto si lo hace de manera profesional como para pasar el rato. Se investigó el efecto en músicos profesionales y aficionados: ambos grupos se sienten más relajados después de cada sesión y su puntuación en la escala de bienestar es superior a la obtenida por quienes no cantan.

¡Muévase!

El ser humano tiene la capacidad de desplazarse (de desplazarse caminando, corriendo o en bicicleta). Los beneficios del ejercicio moderado sobre la salud se han demostrado en numerosas ocasiones, y hablar sobre ello escapa de la voluntad de síntesis de este libro; no los repetiremos aquí. Basta recordar que, aparte de los efectos físicos y psicológicos del ejercicio (suele obligar a salir de casa, a relacionarse con los demás, etcétera), cada tipo de ejercicio en particular también supone beneficios específicos adicionales.

En el contexto de los placebos de la vida, nos interesa explorar el substrato neurohormonal que pueda existir. Es decir, intentar responder a la pregunta: ¿Influye el ejercicio sobre algunos neurotransmisores relacionados con el bienestar, como la oxitocina?

Al echar un vistazo por el *bazar* al que hemos llegado, encontramos numerosos estudios que parecen sustentar estos efectos sobre la composición del *laboratorio interior*. Si sólo nos fijamos en la oxitocina, hay estudios realizados con ratas que demuestran un aumento de la oxitocina cuando se permite que las ratas hagan ejercicio regular corriendo en una rueda colocada en su jaula. Recuerde que investigaciones anteriores habían demostrado que el aumento de oxitocina facilita el buen funcionamiento cardíaco (y lo contrario, que la hipertensión reduce la oxitocina y sus receptores).

Tómese el humor en serio y juegue un poco

La última vez que fui a la consulta de mi dentista, me fijé en la pantalla de televisión que tenía colgada en el techo, justo en el lugar donde apunta la mirada del paciente tumbado en su sillón. A pesar de que las técnicas modernas junto con el avance de la anestesia minimizan las molestias de la mayoría de intervenciones que realizan los dentistas, a muchas personas entrar en este tipo de consultorios les causa gran ansiedad, lo que, a su vez, aumenta la predisposición a sentir dolor.

En la pantalla de este televisor se proyectaba un documental en el que enormes ballenas saltaban sobre la superficie del agua y se zambullían de nuevo con movimientos aparentemente suaves. La cuestión clave es si realmente tiene alguna importancia ir viendo enormes cetáceos que se sumergen en el agua fría del océano mientras el dentista está manipulando sus muelas con la fresa, o bien si se trata simplemente de un *accesorio* más que sólo repercutirá en el valor de la factura de servicios.

De nuevo, encontramos la respuesta en las últimas investigaciones publicadas. Efectivamente, distraer la atención del paciente contribuye a reducir la tensión anticipatoria y el miedo. Y todavía hay algo que contribuye más a reducirlo: el humor. Naturalmente, no conviene demasiado que la persona sentada en la consulta del dentista empiece a reír y a moverse; sin embargo, el humor sí es muy útil en muchas otras situaciones.

La risa, el humor, nos hace sentir bien y nos relaja. Una sonrisa sincera es reconfortante e invita a imitarla. Un ataque de risa sentida, sobre todo si es colectiva, distiende la musculatura y aleja posibles tensiones.

Reírse, junto con tener relaciones sexuales y una buena conversación –no necesariamente por este orden– son los pilares para fortalecer las relaciones interpersonales. No hace falta insistir más en este punto.

Sin embargo, sí parece oportuno remarcar cómo en las últimas décadas los científicos han empezado a tomarse en serio el humor, y se han realizado numerosos estudios sobre los efectos beneficiosos de la risoterapia o, simplemente, del humor sobre el curso de algunas enfermedades.

El humor influye en la percepción del dolor y en su tolerancia e, incluso, algún estudio ha aventurado que entre 40 y 45 minutos de filmes de humor podrían influir sobre el sistema inmunitario.

Se reclutaron 200 voluntarios de entre 18 y 36 años que se dividieron en tres grupos. Se les aplicó frío (inmersión del brazo en agua a cuatro grados) al tiempo que se les pasaba, o bien películas de humor (Grupo 1), un documental sobre el holocausto (Grupo 2) o una película neutra, un documental sobre animales (Grupo 3).

Los resultados mostraron una ventaja clara en la tolerancia al dolor por parte de quienes habían visto una película de humor sobre el Grupo 3 (filme neutro) y muy superior al Grupo 2 (documental sobre el holocausto).

Además, se comprobó que ver más de 30 minutos de película incrementaba todavía más el efecto analgésico.

La risa se utiliza también con éxito en los grupos de apoyo a pacientes con distintas enfermedades, por el efecto de distensión mental, de reducción de la ansiedad y disminución de la percepción dolorosa.

Si la risoterapia contribuye al tratamiento de varias enfermedades, imagínese si no vale la pena poner en su lista de placebos personales unas cuantas risotadas al día –colectivas, si puede ser–, de aquellas que le hacen lagrimear.

El humor es una manifestación del espíritu juguetón de los humanos. La capacidad de jugar que tienen las personas es elevada, y sólo se ve truncada por barreras mentales que algunos se imponen –o les imponen– erróneamente durante el proceso de crecimiento. Aunque *jugar* se asocia a la imagen de niños tras el balón o niños inventando mundos con sus muñecos, la mayor parte de los adultos y ancianos pasan buena parte de su existencia *jugando*. No cabe duda de que el juego es otro de los placebos de primer orden.

La introducción del juego se ha mostrado muy útil en terapia ocupacional con adultos, en pacientes con enfermedad de Alzheimer y otras demencias y, naturalmente, en el tratamiento de niños hospitalizados. Desde hace años, en muchos hospitales del mundo, el área destinada a los niños tiene, aparte de juguetes, monitores especializados; incluso los sobrios (y temidos) uniformes blancos, verdes o azules del personal sanitario, se han sustituido por ropa de colores.

No quisiera dejar pasar la oportunidad de comentar que, incluso en una alteración con fronteras un tanto borrosas como es esa nueva *enfermedad del niño inquieto* –y para la que ya se han encontrado los correspondientes medicamentos–, se observa una mejoría cuando se introduce el juego en la relación con el niño afectado. Más datos: un estudio realizado en el 2003 que incluía a varias decenas de adolescentes norteamericanos, logró demostrar una gran correlación entre la capacidad de juego de los adolescentes y la capacidad que tenían para adaptarse a lo que les rodea (el *coping* anglosajón).

Quizá no esté de más recordar el papel esencial de quienes están en el entorno inmediato de los niños y adolescentes, para despertar y potenciar su espíritu juguetón; aparte de los beneficios inmediatos y de reforzar los lazos de unión y mejorar las relaciones con su entorno, la capacidad de saber jugar puede tener un efecto terapéutico.

La gimnasia mental tiene un valor especial en los pacientes adultos (en algunos centros, el personal de enfermería introduce este tipo de ejercicios en la rutina del tratamiento de los pacientes de sus salas). Desde hace tiempo se valora la ejercitación mental de las personas para tratar de evitar (o, por lo menos, retrasar) la aparición de demencias. Aparte de la satisfacción personal que supone resolver problemas numéricos o juegos de palabras, parece que el trabajo neuronal requerido para su resolución evitaría el *anquilosamiento* mental.

Comentábamos este aspecto con Màrius Serra, un *verbívoro* –como le gusta nombrarse a sí mismo– que, desde hace años, elabora los crucigramas en varios periódicos de Cataluña y mantiene una página web donde tienen cabida la palabra y todos los juegos de palabras que puedan imaginarse (www.verbalia.com).

Resolver un problema complejo de palabras cruzadas influye hasta tal punto que, si un testigo ocular ha estado tratando de rellenar un crucigrama mientras esperaba su turno para identificar a un acusado, su capacidad para reconocerlo es menor que la de otro testigo que, en los minutos previos a la sesión de reconocimiento, se ha mantenido ocupado con un juego que no requería esfuerzo mental.

Se llevó a cabo una investigación con 16 estudiantes de la universidad de Cardiff a quienes, tras presentarles 14 rostros durante tres segundos cada uno, se les involucró en tareas como leer un fragmento de la novela *El código da Vinci*, resolver un sudoku sencillo, solucionar un crucigrama literal o un crucigrama críptico (con palabras de doble sentido). En este último caso, el desempeño de los participantes para reconocer con precisión los rostros fue menor que el de los participantes que, antes del reconocimiento, habían tenido un entretenimiento más *ligero*.

El efecto positivo de la gimnasia mental sobre las personas se ha estudiado en jugadores de ajedrez y, recientemente, en jugadores de *scrabble*: el jugador experimentado en juegos de palabras cruzadas no sólo define con precisión un mayor número de palabras, sino que tiene un tiempo de reacción inferior en algunas tareas mentales y muestra una mejor respuesta ante problemas que requieren aplicación del sentido de distribución espacial.

Los colores de las especias: el poder de la actitud

El truco de muchos platos deliciosos se encuentra en las especias y condimentos, cómo se mezclan y la proporción exacta en la que se usan. Es difícil pensar en un *bobó de camarão* bahiano sin aceite de dendê, una sopa *tom-yum* tailandesa sin limoncillo y curry, un asado sin chimichurri o un arroz de pescado sin un buen sofrito.

La actitud en la vida viene a ser como las especias en gastronomía: proporciona el toque diferencial, añade sabor y, en muchas ocasiones, determina si algo nos sabe (y nos sale) bien o no.

Se ha escrito mucho sobre el poder de la actitud de las personas para enfrentar las situaciones adversas con las que se encuentran, y éste no es el lugar para extenderse excesivamente en este tema. La única intención es citarlo porque ocupa un lugar central en nuestra visita al bazar del placer.

En el departamento de medicina de familia de la universidad de Umea (Suecia) se seleccionó un grupo de mujeres de entre 63 y 83 años y se les realizó una larga entrevista estructurada para conocer estrategias que utilizaban o habían utilizado tanto en su trabajo como en la vida diaria para sentirse bien y sanas a lo largo de su vida.

Las explicaciones sobre la experiencia vital de estas mujeres llamó la atención de los investigadores en varios aspectos. Quizás el más importante es que durante las entrevistas se hizo patente que estas mujeres tenían las ideas muy claras sobre qué les hacía sentirse bien y saludables (incluso aunque, en el momento de la entrevista, tuvieran alguna enfermedad). Parte de sus estrategias consistían en cultivar y disfrutar del humor, de la belleza y de la cultura.

Por ejemplo, explicar chistes con los compañeros de trabajo hacía que, hasta trabajos duros y poco cualificados resultaran más llevaderos, contribuía a soportar mejor el dolor y las había ayudado a salir adelante en caso de problemas de relación con su pareja.

Mantener un hogar agradable y confortable dentro de sus posibilidades les proporcionó placer en su vida (muchas veces, una vida con bastantes necesidades). Introducir la estética en los artículos de uso diario les proporcionaba bienestar, tanto a ellas como a quienes los utilizaban.

Más allá del testimonio sobre cómo se puede vivir con cierto bienestar personal y del entorno en un contexto real (no sólo en la teoría de unos cuantos libros de autoayuda), este tipo de investigaciones permite tener en cuenta algunos aspectos básicos para cubrir necesidades importantes de estas personas cuando son atendidas en centros de salud o residencias.

En el Chaco paraguayo, tierra de guaraníes, habita un ave de rapiña de cuerpo pequeño, patas fornidas y cabeza grande, parecida a una lechuza; le llaman *caburé*. El caburé atrae a otros pájaros con su silbido, escoge a su presa y, a continuación, la cautiva con su mirada serena como si la hipnotizara, mientras con un ruidoso aleteo ahuyenta a las demás. Luego le arranca la cabeza, le devora las entrañas y lleva el resto a sus crías.

Quizá por esta capacidad para dominar a otras aves, la gente de la zona ha otorgado al caburé poderes magnéticos que hicieron extensivos a los hombres que conseguían tres de sus plumas.

Así, este preciado y raro amuleto llamado *payé* tiene la propiedad de atraer los buenos acontecimientos a quien lo lleve encima, lo libra de cualquier peligro y le asegura éxito en sus empresas.

En algunas zonas, la más buscada es la séptima pluma de la parte anterior del ala izquierda del caburé porque, al portador, le otorga poder sobre la mujer y cierto encanto personal que atrae y fascina.

Como sucede con los amuletos en general, no hay estudios científicos que demuestren su efecto *magnético* real... pero las plumas del caburé (como las patas de conejo o los dientes de ajo que algunos llevan en el bolsillo), sí tienen la capacidad de cambiar algo muy importante en su portador: la actitud. Y quizás ahí resida su *poder*.

El día que Ricardo iba a conocerme, Thaïs me sugirió que nos encontráramos en el Club de Tenis de su barrio en Cambuí, donde el equipo de fútbol con el que jugaba tenía un partido importante contra otro equipo vecino. Ricardo, que entonces tenía nueve años, sabía que aquel día yo estaría entre los pocos espectadores que habitualmente iban a verles, y que estaría junto a su madre. El fútbol es una de sus pasiones y, naturalmente, quería demostrarme que era un *crack*. Esta actitud, la voluntad de concentrarse para dar lo máximo de sí en la consecución de un objetivo personal, probablemente contribuyó a que marcara tres de los cinco goles que logró hacer el equipo, un récord que, según su madre, no era habitual. Después de la segunda vez que le vi jugar, me gané la fama de que *le traía suerte*. Sin embargo, la única suerte no era debida al azar o a la fortuna, sino más bien al hecho de concentrarse para lograr demostrar algo; a su actitud. La buena suerte, como ya dijeron Álex Rovira y Fernando Trías de Bes, consiste esencialmente en eso.

Hay congruencia entre la expresión corporal de la emoción del receptor de un mensaje y el tono emocional del emisor, algo que facilita la comprensión de la comunicación. Se han revisado las pruebas científicas de la relación recíproca que existe entre la expresión corporal de una emoción y la manera cómo la información emocional se maneja y se interpreta.

Resulta que cuando uno adopta una postura específica de una emoción, describe que siente las emociones asociadas a esta postura: si uno se coloca en su mesa de trabajo con una postura para trabajar concentrado, se *siente* concentrado; si se estira en la silla como si estuviera en una tumbona de la playa, se *siente* en menor predisposición para trabajar.

Además, se ha comprobado que los sistemas visual, auditivo y afectivo se superponen, y estudios con escáner y resonancia magnética han demostrado que reconocer una expresión de emoción en otra persona y expresar uno esta emoción, involucra circuitos superpuestos (por ejemplo, ver un vídeo en el que una persona hace muecas como si estuviera percibiendo ese mal olor, activa los mismos circuitos que se activan cuando realmente se huele ese mal olor). Lo mismo sucede con una expresión sonriente.

Y, relacionado con todo ello, hay estudios que demuestran cómo los rostros sonrientes o con expresiones que se identifican como de bienestar, se recuerdan mejor que los rostros con aspecto severo. Además, influyen positivamente sobre el interlocutor, lo relajan.

Y también...

La sensación de vértigo que uno tiene cuando visita el bazar del placer es similar a la que se tiene en cualquier mercado. Nos interesamos por algunos productos expuestos, tenemos una visión fugaz de otros y, al final, nos quedamos con la sensación de que ha habido muchas cosas que hubiéramos querido ver, pero que nuestra atención no pudo captar.

Probablemente, una revisión completa y exhaustiva de los aspectos positivos de la vida, requeriría un volumen de proporciones enciclopédicas que, en realidad, detallaría prácticamente todos los aspectos de la existencia, con las distintas y riquísimas variantes culturales. No es posible ni citarlas brevemente. Lo bueno es saber que el bazar del placer sigue allí, dondequiera que usted lo haya encontrado, que no cierra ni de día ni de noche, y que puede acudir a él cuando le apetezca, o cuando sienta la necesidad de hacerlo.

Muchas cosas se pueden considerar *placebos de la vida*. Se trata de situaciones o actividades que, simplemente, nos hacen sentir mejor. Y la lista es literalmente interminable, como variopinta es la especie humana.

Antes de salir del bazar con nuestras adquisiciones, es bueno echar un último vistazo, a modo de panorámica, aunque sólo sea para imaginar qué quedó fuera en la visita de hoy y planificar a qué paradas iremos en nuestra próxima visita.

Para poner la miel en los labios:

Las relaciones sexuales satisfactorias son una de las fuentes de bienestar más potentes; refuerzan los lazos de unión con la pareja, hacen rezumar el cerebro de oxitocina y son relajantes. Como dice una amiga, «son esenciales para el equilibrio diario».

Las relaciones sociales son otra de las especias más apreciadas. Sentirse valorado y hacer que los demás se sientan valorados. Conversar a conciencia (con la intensidad y atención que propugna Sebastià Serrano). Tocarse. Reírse. Y todo ello sin olvidar a los amigos –son como las plantas: hay que regarlas, procurar que estén en la temperatura ideal, cambiarles la tierra y, si lo necesitan, colocarlas en un tiesto mayor–.

Ese *gusanito* que nos hace pelear por conseguir nuestro objetivo (el *arousal* anglosajón –estar despierto, atento–). Aquella agitación suave para terminar una cosa, para preparar algo, para participar en una fiesta... Ese gusanito que nos predispone, contribuye a forjar la actitud con la que nos enfrentamos a los retos.

Entrar en todo lo que uno hace; ser espectador es fácil y no necesita demasiado esfuerzo, pero participar es mucho más satisfactorio.

Ser creativo con todo lo que uno tenga entre manos. No merece la pena repetir las cosas una y otra vez (exactamente igual como aquella ocasión en la que todo salió redondo); como dicen muchos, segundas partes nunca fueron buenas. Invente, reinvente, amplíe horizontes... incluso para preparar una cena, para salir a dar un paseo con su pareja o para planear las próximas vacaciones.

Identificar cosas o situaciones que le relajen, que le alejen momentáneamente de la rutina laboral. Seamos realistas, todo comienza por conquistar diez minutos al día. Se puede caminar, escuchar música, leer, hacer yoga o apretar una pelota de arena, meditar... Lo importante es lograr detener las manecillas del reloj durante unos minutos. Como afirma Ramón Bayés en su libro *El reloj emocional*, «el tiempo puede tener otra velocidad»[1]; conquístela.

El pasado y el futuro son dos platos de una misma balanza. Es bueno no perder la memoria y los recuerdos

1. Ramón Bayés, *El reloj emocional*, Alienta, Barcelona, 2007.

agradables nos sientan bien; recuerde, pero no se obsesione con el pasado. Quien anda mirando atrás tiene muchas probabilidades de pegarse un tortazo con una farola. Y es recomendable saber dónde nos gustaría llegar; planifique el futuro, pero no viva en él. Lo ideal es que la balanza del tiempo fuera como montarse en un columpio basculante: es divertido ir hacia arriba y hacia abajo, pero el punto de equilibrio es el centro, el presente; estar siempre arriba o siempre en el suelo, no tiene ninguna gracia.

Saboree, deguste, perciba. Y aplíquelo a todo: a la comida, a la bebida y… ¡a la vida! Trate de no tener miedo para no quedarse al margen, a un paso…

A un passo dal possibile
A un passo da te
Paura di decidere
Paura di me (…)

ELISA. *Eppure sentire*

Capítulo 8

La otra cara de la moneda: el efecto nocebo

Coja in círculo, acarícielo, ¡se convertirá en vicioso!

EUGÈNE IONESCO. *La cantante calva*

Salimos del bazar. ¿Lleva todas sus adquisiciones? Llegó la hora de comentar algo: como cualquier moneda, el efecto placebo tiene su anverso. Cuando el placebo tiene efectos negativos, se habla de *nocebo*.

Reunimos a 100 personas en un salón, les damos un comprimido de color rojo que sólo contiene sacarina y les decimos que se trata de un nuevo medicamento para aumentar el ritmo cardíaco.

Una proporción de estas personas presentará, efectivamente, un incremento de los latidos cardíacos. Se trata del efecto placebo que ya conocemos.

Sin embargo, al realizar este experimento, una proporción de las personas que han tomado la cápsula roja de sacarina... presenta molestas palpitaciones, o incluso le aparecen *efectos secundarios* como dolor de cabeza, náuseas o vómitos.

Y... ¡Ojo! A veces no basta con explicar el truco de todo el experimento; algunas personas incluso pueden requerir atención médica por esta respuesta negativa en forma de efecto secundario. Habremos conseguido un *efecto nocebo*.

En realidad, no debería extrañarnos: si una sustancia inactiva a la que hemos llamado *placebo*, puede inducir efectos beneficiosos (como aliviar el dolor), siguiendo la misma lógica, esta sustancia tiene que poder inducir la aparición de efectos no deseados (como aumentar el dolor).

Así pues, el efecto nocebo es el daño percibido por un paciente o identificado por su médico y debido, solamente, a un tratamiento administrado que carece de eficacia.

Al explicar el efecto placebo, habíamos convenido que en este libro utilizaríamos la denominación para referirnos a aquellas circunstancias o acciones que se tradujeran en bienestar. Por tanto, quizá también podríamos aventurar un *efecto nocebo* en la vida. Serían aquellas circunstancias o acciones que se tradujeran en un perjuicio o malestar.

En medicina se dice que los placebos son la bendición de la terapéutica, pero también pueden ser su perdición. Con los placebos de la vida, sucede algo parecido.

En realidad, acabamos de abrir la puerta que da paso a un desván inmenso, lleno de polvo y con poca luz. Explorarlo en estas páginas, es una tarea que se nos escapa; la intención de incluir un capítulo sobre nocebos era la misma que tiene el casero que comenta al invitado «aquí un dormitorio, aquí el baño y aquí la buhardilla»: dar una idea, recordar que están ahí. Los nocebos merecen una exploración detenida y específica en otro texto.

Dos ejemplos breves:

- Se llevó a cabo un estudio que incluía a una serie muy grande de personas con el fin de identificar los factores de riesgo de padecer una enfermedad cardiovascular (se conoce como estudio de Framingham). Este estudio permitió identificar numerosos factores que todavía sirven para sustentar muchos tratamientos preventivos. Sin embargo, uno de los resultados llama la atención: al analizar qué sucedía con las mujeres que estaban convencidas de que eran propensas a padecer una enfermedad cardíaca, se observó que éstas tenían cuatro veces más probabilidades de morir de enfermedad cardíaca que las que no tenían tal creencia. La actitud, el convencimiento de algo, ¿puede jugarnos malas pasadas?
- Algunas emociones (como el miedo o la depresión) relacionadas con situaciones que provocan estrés emocional intenso se han asociado con algunas enfermedades. Por ejemplo, en determinados países orientales, las mujeres con estas emociones tienen mayor probabilidad de presentar una rara alteración cardíaca llamada cardiomiopatía de Tako-tsubo. Aparte de esta variante exótica y rara, la asociación con emociones negativas se ha demostrado para varias enfermedades.

Un esbozo de los nocebos de la vida

¿Nunca se ha encontrado esperando frente a un ascensor que está subiendo o bajando, la flecha junto al botón de llamada está encendida y, sin embargo, usted oprime el botón de nuevo y varias veces, como si esto tuviera el poder de acelerar el recorrido del ascensor o el cierre de las puertas? Seguramente, ha terminado pulsando el botón para bajar (es lo que usted quiere), pero también el de subida (por si acaso), y lo máximo que consigue es que el ascensor se detenga innecesariamente en su rellano durante su viaje de subida, que se abran las puertas y se cierren de nuevo; el resultado final es que, no sólo no aceleró la llegada del ascensor, sino que la retrasó unos segundos. En definitiva, usted se tiene que esperar, y también las demás personas que están en otros pisos.

Quizá sea de los que, cuando aparece el fastidioso reloj de arena en la pantalla del ordenador, empieza a pulsar la tecla de retorno o el botón izquierdo del ratón para ver si la máquina se da prisa. En realidad, lo más probable es que el ordenador todavía vaya más lento debido a la sucesión de órdenes dadas en un momento en el que la CPU está al máximo de su rendimiento.

¿Perdió una llave que, está convencido, tenía en el bolsillo? ¿Cuántas veces se puso la mano en el bolsillo para asegurarse de que, efectivamente, no está ahí? Quizá si en lugar de obsesionarse en rebuscar en vano en el pequeño bolsillo, buscara en el sofá donde acaba de sentarse o en el lugar donde estuvo hace un momento, tendría más posibilidades de hallarla.

Éstos son ejemplos de conductas cotidianas ineficaces. Si ya ha buscado la llave en el bolsillo y no está, no aparecerá allí por arte de magia. Si el ordenador está terminando unos procesos internos, no le responderá hasta que los termine. Estas conductas podrían considerarse un efecto nocebo porque, mientras persiste en una de estas conductas, ello le impide pensar en alternativas más eficaces.

En esta misma línea, las supersticiones son nocebos que pueden ser contraproducentes si nos impiden llevar a cabo ciertas actividades con normalidad y, a veces, incluso generan ansiedad, conductas de evitación o malestar.

La superstición puede dar una falsa ilusión de control de los acontecimientos. Ésta puede ser una ilusión adaptativa (protege a la gente para que no detecte que los resultados importantes de su vida son incontrolables; en este sentido, evitan la depresión); sin embargo, en ocasiones la superstición es nociva: por ejemplo, creer que un determinado ritual evitará la evolución de una enfermedad, puede retrasar la consulta al médico o el inicio del tratamiento prescrito.

En una visita que hice a Santo Domingo para observar el funcionamiento de un programa de tratamiento de personas con VIH/sida, fuimos a la casa de un paciente que estaba en cama.

Uno de mis colegas dominicanos me explicó que este paciente había pasado mucho tiempo sin mejorar, a pesar de que le daban los carísimos medicamentos antirretrovirales.

Durante una visita de rutina, y extrañado de esta falta de respuesta, el médico observó que frente a la cama había una figura de un *santo* característico del sincretismo religioso caribeño y, junto a él, dos docenas de cajas de sus medicamentos antirretrovirales... ¡llenas!

El paciente y su familia creían que poniendo el remedio junto al *santo*, éste tendría más fuerza para curarle y que, por tanto, el paciente ya no tenía que tomarlo.

El estrés y las emociones negativas estarían en el saco de los nocebos: se ha demostrado que son capaces de aumentar la intensidad del dolor. Justo lo contrario que sucede con el humor o la música, por ejemplo.

Incluso algunas personas se podrían considerar nocebos para los demás. Un estudio curioso hizo un seguimiento de un grupo de pacientes sometidos a una intervención cardíaca. Se observó que, durante el año siguiente a la intervención, quienes tenían una pareja pesimista, se sentían peor y tenían que regresar más veces al hospital que quienes estaban junto a una pareja optimista, independientemente del grado de optimismo o pesimismo del propio paciente.

La velocidad y el *hambre* por las emociones fuertes son otros dos nocebos de la sociedad actual. Parece que tengamos que estar siempre corriendo (aunque no sepamos con precisión para qué tanta prisa, ni qué es lo que hay en el lugar adonde queremos llegar), y que ya nos resulte imposible contemplar relajadamente la vida y lo que nos rodea (sin pensar necesariamente que todo es una competición olímpica). Son muy necesarios los libros *Elogio de la lentitud* de Carl Honoré y *El culto a la emoción* de Michel Lacroix.

Y, para terminar esta brevísima pincelada, no hay que olvidar las adicciones. Cualquier adicción es nociva, porque nos resta libertad. La dependencia –la ansiedad que sentimos al no tener la sustancia o la situación a la que somos adictos– y la tolerancia –la necesidad creciente de tener cada vez más esa cosa o de vivir con mayor intensidad esa situación– ensombrecen el bienestar, la felicidad.

Más allá de lo que nos viene a la mente con la palabra adicción (las drogas, por ejemplo), no debemos olvidar que hay centenares de adicciones: el trabajo, el juego, la comida, el chocolate, el deporte... Basta con colocar en el buscador Google el sufijo inglés *-aholic*, que se usa para indicar algo a lo que somos adictos o de lo que tenemos una necesidad compulsiva; salen centenares de páginas que describen las adicciones más variopintas.

Desde el punto de vista neuronal, es importante saber que, aparte de la oxitocina –cuyos efectos positivos ya conocemos–, el cerebro produce una molécula similar, la vasopresina. Como sucede tantas veces en el organismo, la vasopresina ejerce efectos contrarios a la oxitocina: aumenta la ansiedad, el estrés y la agresividad. Además, favorece la consolidación de los recuerdos aversivos, aquellos recuerdos que se asocian a una situación de dolor, angustia o miedo. Aquellos recuerdos que, cuando los evocamos, condicionan nuestras respuestas: originan conductas de miedo o conductas para evitar pasar de nuevo por la situación desagradable. Pilar Jericó, en su excelente libro *NoMiedo* describe algunas de estas conductas cuyo substrato molecular es precisamente un exceso de vasopresina y poca oxitocina para compensarla; serían lo que esta autora define como *miedos tóxicos*, el miedo a subir en un avión, el miedo a hablar en público, etcétera.

En realidad, el equilibrio entre oxitocina y vasopresina es esencial para establecer relaciones sociales efectivas y para que aparezca lo que conocemos como el estado de enamoramiento. El establecimiento de una relación social requiere que haya un nivel de estrés moderado. El papel de la oxitocina consistiría en mantener los niveles de ansiedad bajo control, y asegurar la proximidad continuada de la pareja durante las primeras etapas del romance; más adelante, la misma oxitocina aumenta la voluntad de aceptar el riesgo (confianza), modulando la ansiedad y el miedo originados en la zona cerebral llamada amígdala. Ahora bien, éste es un equilibrio delicado, y en algunos casos, puede ser una fuente de inadaptación. Como escribió el dramaturgo Eugène Ionesco, basta con acariciar un círculo, para que éste se vuelva un círculo vicioso.

Simplificando, cuando la vasopresina vence el efecto de la oxitocina, la persona se encuentra demasiado ansiosa para poder establecer una relación amorosa u otra relación social. Las circunstancias que favorecen la vasopresina son, sin duda, otros nocebos de la vida.

Capítulo 9
Posología y otras recomendaciones

Cuando Skacel decidió encerrarse trescientos años
dentro de su casa de tristeza, era porque veía su
país definitivamente engullido por el imperio del Este.
Se equivocaba. Todo el mundo se equivoca con respecto al futuro.

MILAN KUNDERA. *La ignorancia*

Llegamos al final del recorrido que nos habíamos propuesto. Tomamos algunas fotografías para el recuerdo pero, como en cualquier viaje, las imágenes que realmente importan, la sensaciones, pertenecen a ese reino intangible de la memoria.

A modo de conclusión, quizá la idea esencial de *Pequeñas grandes cosas* es que la felicidad se conquista al ir sumando los breves momentos de bienestar que hallamos en el camino, se conquista al ir buscando y disfrutando de esos *placebos de la vida*, sabiendo que cada uno tiene los suyos y que hay que identificarlos.

También descubrimos que este bienestar es una sensación íntima cuya responsabilidad final pertenece a unas moléculas que se transmiten entre grupos de neuronas de algunas zonas de nuestro cerebro. Sin embargo, una vez conocido este mecanismo microscópico, lo que cuenta son las situaciones –los estímulos– que desencadenan esta cascada química placentera.

Y lo más interesante es que estos estímulos, estos placebos, no constituyen una fórmula infalible y prefabricada, idéntica para cada uno de nosotros. Cada uno debe identificar los placebos personales, aquellos que le resultan más eficaces, los que le funcionan mejor.

Muchas de estas *pequeñas grandes cosas* tienen en común el hecho de aumentarnos la secreción de oxitocina, la hormona responsable de las relaciones interpersonales, del enamoramiento y de la dimensión sexual del ser humano.

Esto añade interés al concepto de placebos de la vida: muchos están relacionados con nuestra interacción con la pareja, con nuestro círculo de amistades o con quienes nos rodean en el ámbito laboral o vital más cercano. Por tanto, muchos de estos placebos están al alcance de la mano; sólo tenemos que estar atentos y no dejarlos escapar porque, no lo olvide, los placebos (y los placeres) suelen ser volátiles como el alcohol, ligeros como la brisa y perecederos como un copo de nieve sobre la mano.

Además, esas *pequeñas grandes cosas* tienen la ventaja de estar al alcance de cualquier persona. Son un bien universal y democrático que, por una vez, no dependen de la riqueza económica, sino de la riqueza emocional. No podrá adquirir los verdaderos placebos de la vida en ninguna tienda ni podrá comprárselos a ninguna persona –igual como sucede con la felicidad–; en cambio, sí puede regalar placebos y bienestar, y pueden obsequiárselos a usted mismo.

Finalmente, los verdaderos placebos de la vida no crean adicción, usted mismo puede pautarse las dosis apropiadas, difícilmente se intoxicará (si no olvida el concepto limitado de placebo y de bienestar), y no caducan.

En definitiva, como dijimos al iniciar este recorrido, habría que tomarse la vida con la misma intensidad con la que el garimpeiro busca la pepita de oro en su cedazo.

La diferencia entre vivir la vida con placebos *o sin ellos es la misma que poner un automóvil a 120 km/h en quinta marcha –donde el motor rueda con comodidad–, o alcanzar los 120 km/h en tercera –y dejar que el motor sufra–.*

Quizás el problema surge cuando se pervierten las ideas. Es curioso –y preocupante– que cada vez que hablo de la oxitocina, alguien de la sala levanta la mano para preguntarme dónde se puede comprar. Por suerte, todavía puedo responder que, para este uso, ni se compra ni se vende.

Albert Ribas me explicó un *koan* que encontró hace poco en un puesto escondido del bazar del placer dedicado a la lectura (otro de los grandes placebos). Los *koan* son esas enseñanzas que el maestro zen transmite al aspirante en forma de diálogo breve. Decía así:

ASPIRANTE: Maestro, estoy desanimado. ¿Qué puedo hacer?

MAESTRO: Animar a los demás.

Seguramente, la esencia de la felicidad no está en buscarla desesperadamente ni en lamentarse por no encontrarla, sino en vivir intensamente el presente procurando no caer, cuando lo es, en la telaraña pegajosa del pasado ni en los brazos de humo del futuro.

Y el presente tiene olores, sabores, risas, lágrimas, caricias, golpes pero, sobre todo, palabras y personas.

«El barrio rebulle de vida como un hormiguero, se encoge y se expande como un corazón, la vida avanza inevitable y rápida, en batallar intenso, corre como un manantial, como un río, y el cauce no hace sino subir. Algunos se ahogan en este torbellino, y otros aprenden a nadar y a guardar la ropa.»

LUCÍA ETXEBARRÍA. *Cosmofobia*

El presente tiene Vida; ¡no se olvide de vivirla!

Bibliografía

Antes de empezar

ELIOT, T. S., *Cuatro cuartetos*, Altaya, Barcelona, 1996.

Capítulo 1

MILLER, H., *El coloso de Marusi*, Seix Barral, Barcelona, 1992.

Capítulo 2

BARRETT, B. Y COLS., «Placebo, meaning, and health», *Perspectives in Biology and Medicine,* 2006; 49:178-198.

CHAPUT, D. M. Y COLS., «Harnessing placebo effects in health care», *The Lancet,* 1994; 344; 995-998.

CHO, HYONG J., «Reviving the old sermon of medicine with the placebo effect», *Rev Bras Psiquiatr,* 2005; 27:336-340.

FECTEAU, D., *L'effet placebo. Le pouvoir de guérir,* Les Éditions de l'Homme, Québec, 2005.

FLATEN, M. A. Y COLS., «Drug-related information generates placebo and nocebo responses that modify the drug response», *Psychosom Med,* 1999; 61:250-255.

GREWEN, K. M. Y COLS., «Effects of partner support on resting oxytocin, cortisol, norepinephrine, and blood pressure before and after warm partner contact», *Psychosom Med,* 2005; 67:531-538.

MILLER, F. G. Y COLS., «The nature and power of the placebo effect», *J Clin Epidemiol,* 2006; 59:331-335.

OLSHANSKY, B., «Placebo and nocebo in cardiovascular health», *J Am Col Cardiol,* 2007; 49:415-421.

PARK, L. C. Y COLS., «Nonblind placebo trial: an exploration of neurotic patients responses to placebo when its insert content is disclosed», *Arch Gen Psychiatry,* 1965; 12:36-45.

THOMAS, K. B., «The placebo in general practice», *The Lancet,* 1994; 344:1066-1067.

Capítulo 3

ADER, R. Y COLS., «Conditioned suppression of humoral immunity in the rat», *J Comp Physiol Psychol,* 982;96:517-21.

BULGER, R. J., «The demise of the placebo effect in the practice of scientific medicine; a natural progression or an undesirable aberration?», *Trans Am Clin Climatol Assoc,* 1990; 102:285-292.

DAR-NIMROD, I. Y COLS., «Exposure to scientific theories affects women's math performance», *Science,* 2006; 314:435.

DE LA FUENTE-FERNÁNDEZ, R. Y COLS., «Placebo effect and dopamine release», *J Neural Transm Suppl,* 2006; 70:415-418.

de la Fuente-Fernández, R. y cols., «The biochemical basis of the placebo effect», *Sci Eng Ethics*, 2004; 10:143-150.

de Pascalis, V., «The contribution of suggestibility and expectation to placebo analgesia phenomenon in an experimental setting», *Pain*, 2002; 96:393-402.

Eisenberger, N. I. y cols., «Why rejection hurts: a common neural alarm system for physical and social pain», *Trends Cogn Sci*, 2004; 8:294-300.

Fecteau, D., *L'effet placebo. Le pouvoir de guérir*, Les Éditions de l'Homme, Québec, 2005.

Figueras, A., *Optimizar la vida. Claves para reconocer la felicidad*, Alienta Editorial, Barcelona, 2006.

Flaten, M. A. y cols., «Cognitive and emotional factors in placebo analgesia», *J Psychosom Res*, 2006; 61:81-89.

Capítulo 4

Agren, G. y cols., «Olfactory cues from an oxytocin-injected male rat can reduce energy loss in its cagemates», *Neuroreport*, 1997; 28:2551-2555.

Anónimo, «I get a kick out of you», *The Economist*, 12 de febrero de 2004.

Blalock, J. E. y cols., «Conceptual development of the immune system as a sixth sense», *Brain, Behav and Immunity*, 2007; 21:23-33.

Carter, C. S. y cols., «Oxytocin and social bonding», *Ann N Y Acad Sci*, 1992; 652:204-211.

Domes, G. y cols., «Oxytocin improves "mind-reading" in humans», *Biol Psychiatry*, 2007; 61:731-733.

Marazziti, D. y cols., «A relationship between oxytocin and anxiety of romantic attachment», *Clin Pract & Epid Mental Health*, 2006; 2:28-33.

NEUMANN, I. D., «Oxytocin: the neuropeptide of love reveals some of its secrets», *Cell Metabol*, 2007; 5:231-233.

POPIK, P. Y COLS., «Social transmission of flavoured tea preferences: facilitation by a vasopressin analog and oxytocin», *Behav Neural Biol*, 1993; 59:63-68.

PORGES, S. W., «Love: an emergent property of the mammalian autonomic nervous system», *Psychoneuroendocrinology*, 1998; 23:837-861.

SALONIA, A. Y COLS., «Menstrual cycle-related changes in plasma oxytocin are relevant to normal sexual function in healthy women», *Hormones and Behaviour*, 2005; 47:164-169.

SERRANO, S., *Los secretos de la felicidad*, Alienta Editorial, Barcelona, 2007.

TOPS, M. Y COLS., «Anxiety, cortisol, and attachment predict plasma oxytocin», *Psychophysiology*, 2007; 44:444-449.

UVNÄS-MOBERG, K., «Oxytocin may mediate the benefits of positive social interaction and emotions», *Psychoneuroendocrinology*, 1998; 23:819-835.

YOUNG, L. J., «Regulating the social brain: a new role for CD38», *Neuron*, 2007; 54:353-356.

ZAK, P. J. Y COLS., «Neuroactive hormones and interpersonal trust: international evidence», *Economics and Human Biol*, 2006; 4:412-429.

Capítulo 5

CARPENTIER, A., *Écue-Yamba-O*, Alianza, Madrid, 2002.

GOLEMAN, D., *A Arte da meditação*, Sextante, Río de Janeiro, 2005.

GUIX, X., *Contigo, pero sin ti*, Granica, Barcelona, 2007.

MILLER, K. E. Y COLS., «Efficacy of acupressure and acustimulation bands for the prevention of motion sickness», *Aviat Space Environ Med*, 2004; 75:227-234.

OLSKO, C. Y COLS., «Stress, coping, and well-being among the Yup'ik of the Yukon-Kuskowim Delta: the role of enculturation and acculturation», *Int J Circumpolar Health*, 2007; 66:51-61.

YILMAZ, E. Y COLS., «Music decreases anxiety and provides sedation in extracorporeal shock wave lithotripsy», *Urology*, 2003; 61:282-286.

Capítulo 6

GUTKOWSKA, J. Y COLS., «Oxytocin is a cardiovascular hormone», *Braz J Med Biol Res*, 2000; 33:625-633.

INSEL, T. R., «Is social attachment an addictive disorder?», *Physiol Behav*, 2003; 79:351-357.

MARAZZITI, D. Y COLS., «A relationship between oxytocin and anxiety of romantic attachment», *Clin Pract & Epidemiol in Mental Health*, 2006; 2:28-33.

TOPS, M. Y COLS., «Anxiety, cortisol and attachment predict plasma oxytocin», *Psychophysiology*, 2007; 44: 444-449.

WIRTZ, P. Y COLS., «Low social support and poor emotional regulation are associated with increased stress hormone reactivity to mental stress in systemic hypertension», *J Clin Endocrin & Metab*, 2006; 91:3857-3865.

Capítulo 7

BAYÉS, R., *El reloj emocional. La gestión del tiempo interior*, Alienta Editorial, Barcelona, 2007.

COHEN, S. O., «Dance/movement therapy for children and adolescents with cancer», *Cancer Practice*, 1999; 7:34-42.

COOK, L. J., «Exercises for mental wellness. Couldn't we all benefit?», *J Psychosoc Nurs Health Serv*, 2007; 45:8-9.

DITZEN, B. Y COLS., «Effects of different kinds of couple interaction on cortisol and heart rate responses to stress in women», *Psychoneuroendocrinology*, 2007; 32:565-574.

FORSSÉN, A. S., «Humour, beauty, and culture as personal health resources: experiences of elderly Swedish women», *Scand J public Health*, 2007; 35:228-234.

GRAPE, C. Y COLS., «Does singing promote well-being?: An empirical study of professional and amateur singers during a singing lesson», *Integr Physiol Behav Sci*, 2003; 38:65-74.

GUEGEN, N., «Courtship compliance: the effect of touch on women's behaviour», *Social Influence*, 2007; 2:81-97.

GUITARD, P. Y COLS., «The importance of playfulness in occupational therapy with adult clients», *Can J Occup Ther*, 2006; 73:281-194.

GUTKOWSKA, J. Y COLS., «Effect of exercise training on cardiac and natriuretic peptide systems in ovariectomized rats», *Am J Physiol Regul Comp Physiol*, 2007; 293:R267-R275.

HALPERN, D. F. Y COLS., «The world of competitive Scrabble: novice and expert differences in visuospatial and verbal abilities», *J Exper Psychol Appl*, 2007; 13:79-94.

HESS, L. M. Y COLS., «The association between playfulness and coping in adolescents», *Phys Occup Ther Pediatr*, 2003; 23:7-17.

HO, R. T., «Regaining balance within: dance movement therapy with Chinese cancer patients in Hong Kong», *Am J Dance Therapy*, 2005; 27:87-99.

LEPPANEN, J. M. Y COLS., «Affect and face perception: odors modulate the recognition advantage of happy faces», *Emotion*, 2003; 3:315-326.

LEWIS, M. B., «Eye-witnesses should not do cryptic crosswords prior to identity parades», *Perception*, 2006; 35:1433-1436.

MARTINS, A. S. Y COLS., «Hypertension and exercise training differentially affect oxytocin receptor expression in the brain», *Hypertension*, 2005; 46:1004-1009.

NABB, M. T. Y COLS., «Does regular massage from late pregnancy to birth decrease maternal pain perception during labour?», *Complement Ther Clin Pract*, 2006; 12:222-231.

PRESCOTT, J. Y COLS., «Pain tolerance selectively increased by a sweetsmelling odor», *Psychol Sci*, 2007; 18:308-311.

ROVIRA, A., TRÍAS DE BES, F., *La buena suerte*, Empresa Activa, Barcelona, 2004.

SAHLER, O. J. Y COLS., «The effect of using music therapy with relaxation imaginery in the management of patients undergoing bone marrow transplantation: a pilot feasibility study», *Altern Ther Health Med*, 2003; 9:70-74.

SHIMAMURA, A. P. Y COLS., «Memory for facial expressions: the power of a smile», *Psychon Bull Rev*, 2006; 13:217-222.

SNOWDON, C. T. Y COLS., «Social odours, sexual arousal and pairbonding in primates», *Philos Transact*, 2006; 361:2079-2089.

WANG, Y. L. Y COLS., «Therapeutic play», *Hu Li Za Zhi*, 2006; 53:79-83.

WEISENBERG, M. Y COLS., «The influence of film-induced mood on pain perception», *Pain*, 1998; 76:365-375.

Capítulo 8

BARRETT, B. Y COLS., «Placebo, meaning, and harm», *Perspectives in Biology and Medicine*, 2006; 49: 178-198.

DEBIEC, J., «Peptides of love and fear: vasopressin and oxytocin modulate the integration of information in the amygdala», *BioEssays*, 2005; 27:869-873.

FECTEAU, D., *L'effet placebo. Le pouvoir de guérir*, Les Éditions de l'Homme, Québec, 2005.

JERICÓ, P., *Nomiedo*, Alienta Editorial, Barcelona, 2006.

JOHANSEN, O., «Placebo and Nocebo responses, cortisol, and circulating beta-endorphin», *Psychosom Med*, 2003; 65:786-790.

MARAZZITTI, D. Y COLS., «A relationship between oxytocin and anxiety of romantic attachment», *Clin Pract & Epidemiol in Mental Health*, 2006; 2:28-33.

MATUTE, H. Y COLS., «Illusion of control in internet users and college students», *CyberPsychol & Behav*, 2007; 10:176-181.

OLSHANSKY, B., «Placebo and nocebo in cardiovascular health», *J Am Coll Cardiol*, 2007; 49:415-421.

VOELKER, R., «Nocebos contribute to host of ills», *JAMA*, 1996; 275:345

Agradecimientos

Las ideas son volátiles. Sólo cuando se materializan mediante palabras, imágenes o sonidos, pueden compartirse. Mi amigo y editor Jordi Nadal, que sabe apreciar bien los placebos de la vida, volvió a animarme para atrapar en un papel las ideas de *Pequeñas grandes cosas* y me ofreció Plataforma Editorial para convertirlo en este libro.

Las palabras y las imágenes se van perfeccionando con las opiniones de los primeros lectores y sus puntos de vista. Agradezco mucho los acertados comentarios y sugerencias de María Alasia, Thaïs Baleeiro, Elena Ballarín, Mónica Figueres y Jordi Nadal, que han mejorado el texto original.

Con María Alasia, Jordi Nadal y Cati Farrán hicimos una curiosa y provechosa reunión virtual para terminar dando con el título y el subtítulo de este libro.

Rosa Serra hizo posible el proceso de compaginación y edición, además de atender mis sugerencias de cambios y adiciones de última hora.

Rubén Verdú fue quien dio color y forma al texto para que los lectores pudieran disfrutar del libro.

Y, para el final, queda el prólogo. Lucía Etxebarría tuvo la generosidad de ofrecerse para escribir un texto para un libro que todavía no existía mientras estábamos a 10 000 metros de altura sobre un punto indeterminado del océano Atlántico. Le agradezco mucho tanto su gesto como sus amables palabras.

ALBERT FIGUERAS